Arte, Cultura

y

Merengue

Guananico, Puerto Plata

República Dominicana

2016

Por Grecia Hiraldo

ISBN:1535175737

Diseño, diagrama, impresión y terminación GMHT USA.

Hecho en USA

Middletown, DE

Julio, 2016

PRÓLOGO

Este libro se escribió como aporte para la zona ecológica Guananico.

El objetivo, es conocer la música en todas sus vertientes; Se investigara la relación de la música con el arte y la cultura en la isla "La Española". Trataremos de conocer por qué Guananico toma el nombre "La Cuna del Merengue". En la actualidad las informaciones que nos han llegado, no están claras. En este libro se hará una investigación historia más profunda al Merengue. Exploraremos este en todas sus etapas históricas, para que nos lleve a entender la historia musical dominicana.

El origen de la música y los instrumentos continúan siendo en la historia un misterio. Los estudios han podido recobrar algunos vestigios. Estos vestigios solos nos dan algunas ideas de qué manera el hombre expresaba sus emociones y con el tiempo estas emociones se convirtieron en notas musicales.

Los humanos pudieron haber comenzado usando sus voces, sus manos, etc., como instrumentos musicales. La música es un mundo natural lleno de sonidos: el canto de las aves, el viento, el agua, la lluvia, los truenos que se hacían visible con descarga eléctrica, sismo, etc... Los cambios de climas en la antigüedad eran muy constantes. Estos cambios mantenían atemorizados los humanos y los animales. Los hombres pensaban que estos elementos eran sus dioses que se enojaban y lo castigaban. La creación artística comenzó a formar figura de esta manera. Cada creencia era un arte, acompañado de cantos y danzas.

Estos festejos motivaron a construir los instrumentos musicales. El deseo de comunicarse con el universo; lleva a la raza humana a construir algún instrumento con mayor alcance que los caracoles o golpear un objeto con otro. El deseo de comunicarse con sus dioses, lo llevaría hacia la innovación. La innovación fue muy fuerte que los llevo a utilizar Arquitectura Armónica y la Arqueo astronomía

 Se comenzara a unir todos estos vestigios precolombinos y colombinos para darle un verdadero seguimiento a nuestra cultura histórica.

¡Los invito a seguirme para ver qué encontramos!

CAPÍTULO I

El arte y la música, según los estudios han ido siempre de las manos. Los hombres primitivos pudieron haber comenzado haciendo sonido con parte de su cuerpo, golpeando o frotando un elemento con otro. Pudieron recurrir a muchas alternativas, para poder espantar las fieras o para comunicarse a la lejanía. Al ver que estos métodos les dieron resultados; comenzarían a construir un instrumento con más potencia, con el fin de comunicarse con sus dioses o para alejar los espíritus malignos. La unión de los instrumentos musicales, los cantos, las danzas y sus creencias, representada por medio del arte formaron los ritos religiosos.

Los instrumentos musicales al principio sólo producirían ruidos, pero en algún momento pudieron oírse algunos tonos diferentes a los usuales y con la existencia de querer oír este casual sonido otra vez. Los hombres prehistóricos se aferrarían a su práctica diaria; hasta lograr sacar algunos tonos musicales, a sus instrumentos primitivos. El tiempo logro convertir estos sonidos en lo que hoy llaman, notas musicales.

En esta zona noroeste de la isla "La Española", fue donde se comenzó a escribirse la historia del continente americano y los instrumentos musicales fueron construidos rústicamente, por los habitantes que tenían siglos ocupando la isla.

La música comienza en nuestra isla con los Taínos, porque en la época de la colonización, los Taínos habían tomado como suya las demás razas residentes. Estas poblaciones tenían la música en su vida cotidiana. Los ocupantes de este continente fueron llamados indios. Cristóbal Colón le cambio el nombre a esta población y todo su futuro.

Los taínos, se aferraron a su música para pedirles a sus dioses "Cemíes" que lo liberaran del gran peligro en que se encontraban. Las fuerzas naturales en ese tiempo era implacable y ellos se aferraban a sus dioses para que lo protegieran de: los ciclones, temblores, los diluvios, la sequía, etc. y ellos pedían, por una buena: cosechas, caza, pesca y otras.

Los conquistadores de este continente, erróneamente con el tiempo tomaron el nombre de descubridores; A pesar de haber exterminado estas civilizaciones. Los colonos obligaron a los residentes de esta isla a profesar otra religión, saquearon y destruyeron todo a su paso. Estas poblaciones fueron enmudecidas, esclavizadas, castigadas salvajemente le amputaban parte de su cuerpo, los mataban individualmente o los masacraban etc... De estos habitantes no quedaran muchos vestigios algunos. Los datos recolectados, nos revelan que la música de estas civilizaciones, antes de llegar los españoles a su vida, fue para ayudar a recordar y contar su historia. Estas poblaciones celebraban sus eventos especiales con cantos, músicas y danza.

 La música y el canto era el regalo más valioso que un taíno pudiera ofrecer a otro. La música se hacía muy rara vez por sí misma, podía usarse para: hacer intercambios comerciales, pedían por la lluvia, frenar un ciclón, asegurar un matrimonio feliz y fértil, ayudar a un infante a crecer a su edad adulta con buena salud, ganar éxito en un juego del Batey, una batalla, curar los enfermos, asegurar un pasaje seguro al mundo de los espíritus, por una persona fallecida, asegurar una buena cosecha o buena cacería.

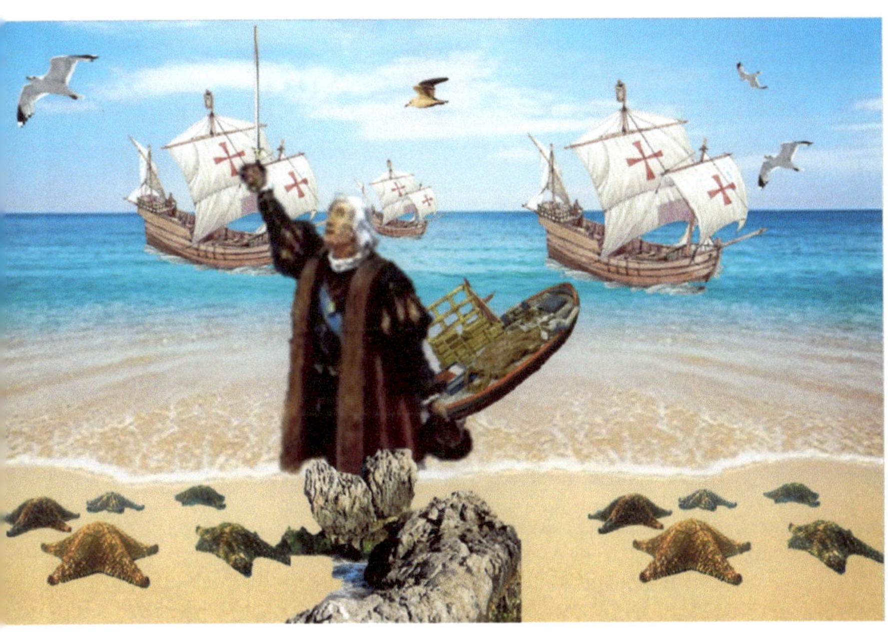

Cuando Cristóbal Colon llega a la isla, estas poblaciones Tenían una gran organización Socio, Política. Los Tainos tenían una vida sedentaria, simple, rica en tradiciones religiosas y agrícolas. La expresión de su cultura era una de las más ricas del área del Caribe. Los españoles encontraron cinco cacicazgos o territorios en la isla. Los cacicazgos estaban gobernados por caciques o jefes. Este gobierno era hereditario y era totalmente absoluto. Este sistema establecido exigía obediencia y sumisión ante el cacique.

Las Poblaciones agrícolas ceramistas se desarrollaron mil años D.C., teniendo eficiente sistema agrícola que le permitía el establecimiento de aldeas de mayor tamaño y el desarrollo de una gran producción artística.

Los Tainos ocupaban casi toda la isla, aunque existían otros grupos primeros que fueron: los Ciguayos, los Macoríes y los Siboneyes. En el tiempo de la invasión europea, estas razas estaban mezcladas, conviviendo en forma pacífica.

La isla estaba dividida en cinco cacicazgos y los cacicazgos estaban limitados, por elementos naturales; como por ejemplo ríos de gran caudal, notables montañas, Valles etc...

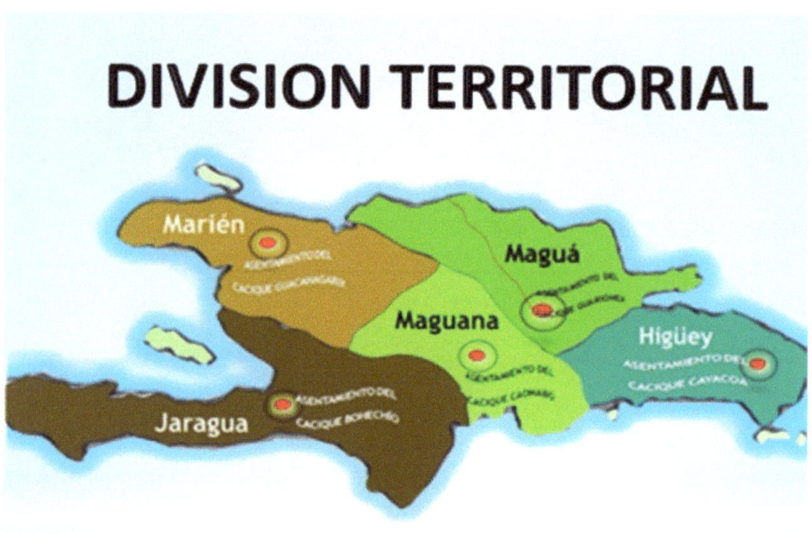

Estos elementos le permitían conocer hasta donde llegaba sus dominios y cada gobierno estaba dividido en diferentes clases sociales: el cacique, los nitaínos, los bohiques y las naborías.

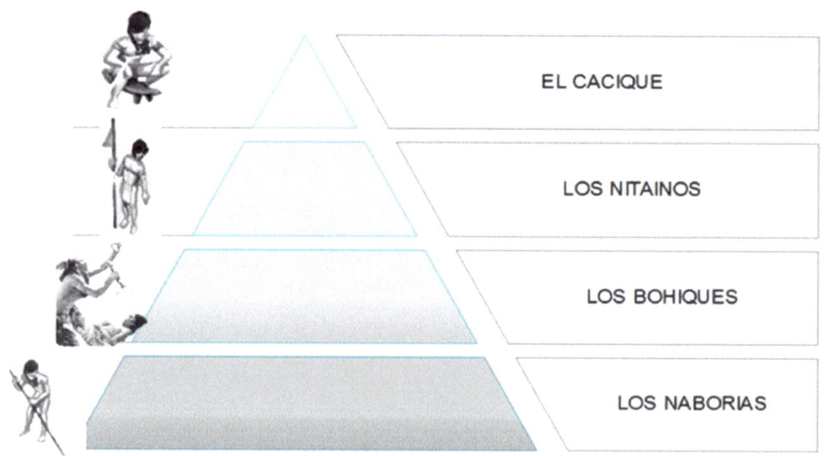

8

Los Caciques - eran la máxima autoridad de los cacicazgos; habitaban las aldeas principales. Cada cacique impartía la justicia y el orden en su territorio. Este cargo se heredaba por vía materna; las mujeres también, podían tomar este cargo. Ejemplo Anacaona fue una de la máxima autoridades en el cacicazgo de Jaragua en el proceso de la colonización.

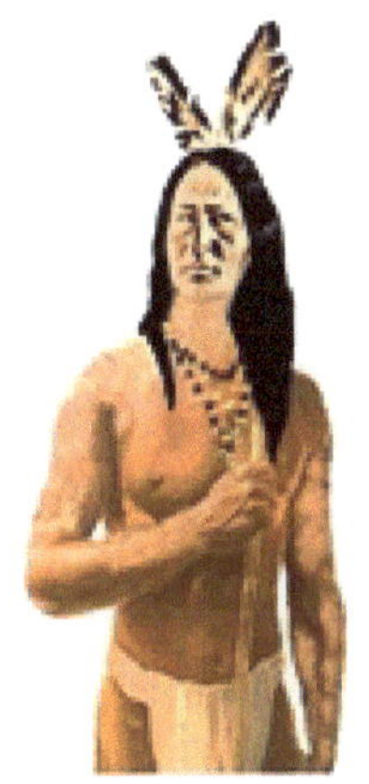

Los Nitainos eran las segundas autoridades. Ellos ayudaron a los caciques a supervisar las comunidades y los intercambios comerciales.

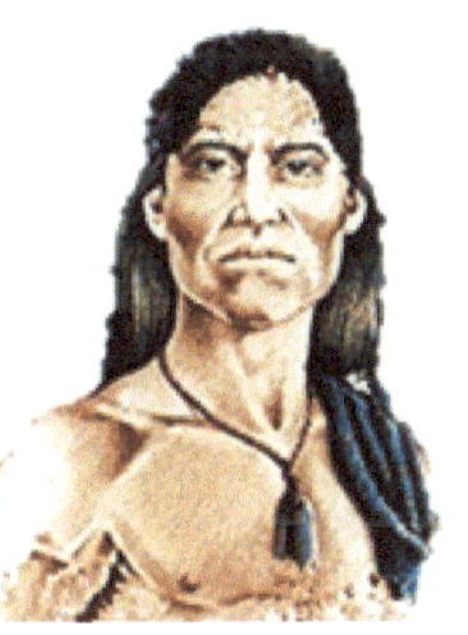

Los Bohiques, o chamanes, velaban por la salud y bienestar espiritual de la comunidad. Eran hechiceros, curanderos, sacerdotes y adivinos; trataban de "ahuyentar al espíritu maléfico que se había apoderado del enfermo", mediante medicamentos caseros, sopladuras, succiones, u otros recursos mágicos.

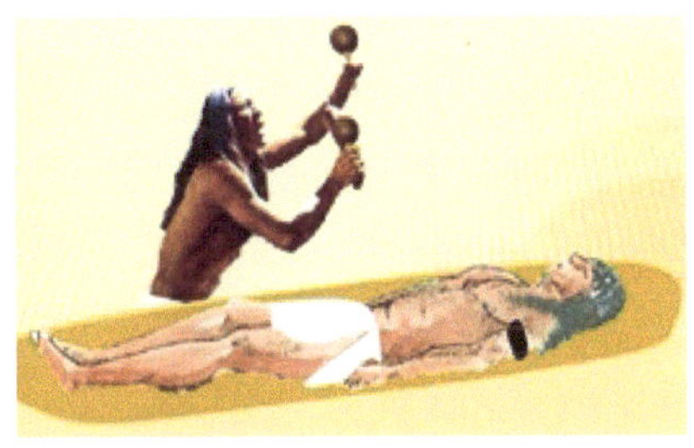

Los Naborías ocupaban los niveles más bajo de la sociedad; este nivel social era el pueblo. Ellos podían recibir órdenes directamente del cacique o de los Nitaínos. Las labores de este nivel social eran las producciones y los rituales religiosos.

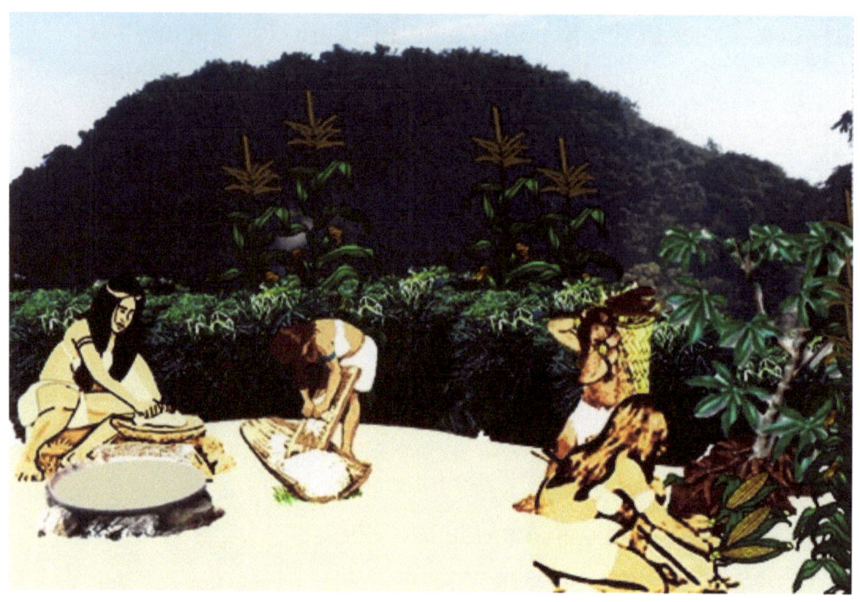

A pesar de ser el nivel social más bajo, su responsabilidad era la de mayor importancia; se trataba de mantener la económica de los cacicazgos y sus labores estaban divididas por sexo y edad. Los niños ayudaban a las mujeres en el trabajo del conuco y en las siembras, haciendo muchas veces la función de guardianes, para evitar el ataque de aves en la agricultura.

La vida cotidiana de estas poblaciones se desarrollaba en fases. La principal fase fue la producción agrícola, con su área de cultivos, el cual fue heredado de los ostionoides.   Esta   técnica fue perfeccionada por ellos de tal manera   que permitió a gran nivel de calidad. Con una técnica que se basaba en la roza y quema, para formar los   montones que podían medir hasta tres metros y medio de diámetro. Los montones eran hechos de una mezcla de capa vegetal y de desperdicios. En estos conucos se sembraban la yuca y en algunas ocasiones el maíz. También cultivaban el tabaco, el maní, el algodón etc.; Con una gran variedad de frutas, pero la Yuca fue su principal producto agrícola, porque con estas procesaban Casabe. En esta técnica de producción tenía un proceso de elaboración. Entonces el arte fluye con la necesidad.

De estas responsabilidades se hacían cargos los hombres. La fase consistía en obtener: los utensilios que necesitaban las mujeres para la producción de los alimentos y esculpir los arcos, las flechas, lanzas, etc.

Cerámicas

Los estilos cerámicos del período anterior, se originó en esta isla caribeña que Colon le dio el nombre "La Española" y de aquí se esparció hacia las demás islas antillanas. En los objetos se observa un alto grado de desarrollo artesanal, con una variedad con recipientes decorados con motivos geométricos y aplicaciones.

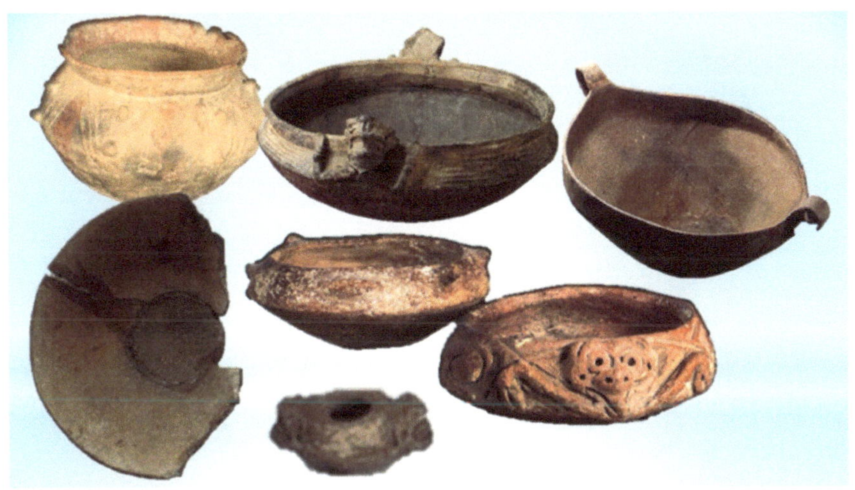

Las poblaciones laboraban sus utensilios. El material dependía de la zona en donde se encontraban. Hicieron cucharas de conchas, de corales y las poblaciones alejadas de las playas utilizaron los higüeros y el barro para elaborar los utensilios de usos caseros. La mayoría de las piezas de cerámicas se hacían con rollos de arcilla, para lograr la forma de los recipientes. Estas técnicas las utilizaban para hacer:

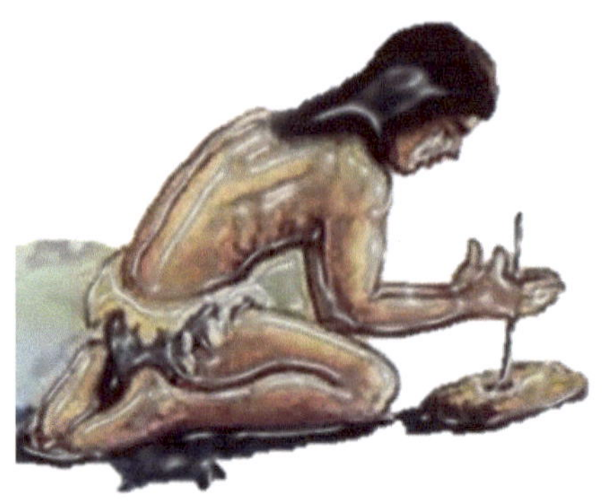

Platos, vasijas y cuencos, que se emplearon para rituales, actos funerarios y varios usos domésticos. En ocasiones se utilizaron pigmentos de origen vegetal para pintar las vasijas, después de ser cocidas en hogueras; no se emplearon hornos. El fuego fue un elemento muy importante para el progreso humano, permitiéndole: cocinar, calentar e iluminar su ambiente, para endurecer las puntas de los maderos, pudieron perfeccionar su arte y crear la técnica de secar las carnes y las pieles. La técnica de conservación de los alimentos atrajo muchas embarcaciones a esta isla, era las preferidas por los aventureros, comerciantes de alta mar y piratas. El ser humano tuvo que aprender muchas técnicas de hacer fuego.

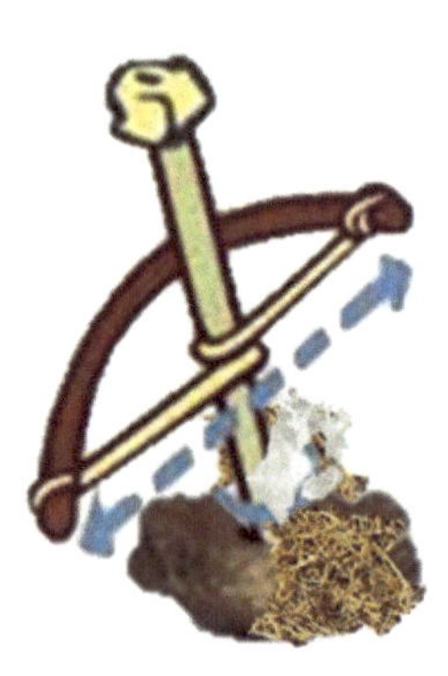

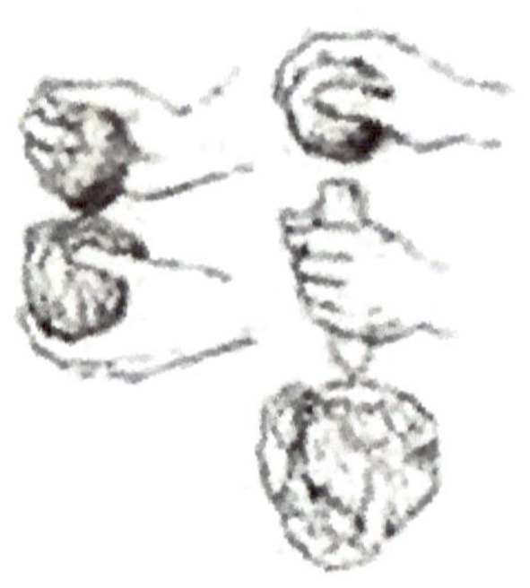

Las civilizaciones de la isla de caribeña avanzaron en algunos aspectos, pero en los instrumentos para las labores agrícolas y las cazas todavía se hacían de piedra (Era Paleolítica); con las piedras se fabricaron pulidores que se utilizaron para tallar y pulir objetos de madera y lustrar las superficies de las hachas.

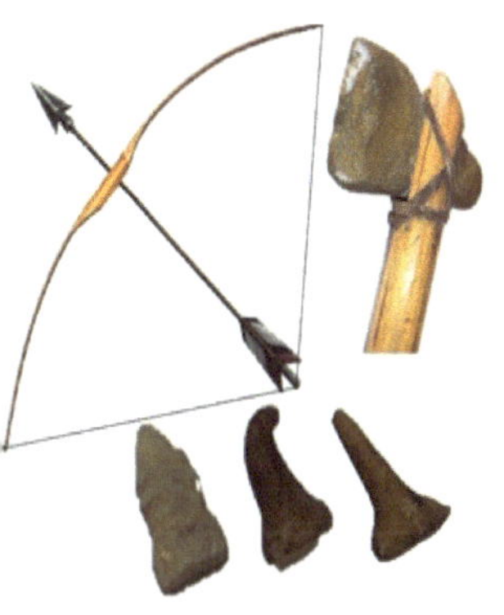

Las hachas fueron usadas como Coas para perforar la tierra, se cortan los árboles, se fabricaban las canoas y todos objetos de madera.

La caza podía consistir, en quemar las malezas para acorralar a los animales y así facilitar su captura.

En la captura de las aves se usaban sombreros hechos con hojas secas, a los cuales se les untaba resina con la intención de que las aves quedaran pegadas.

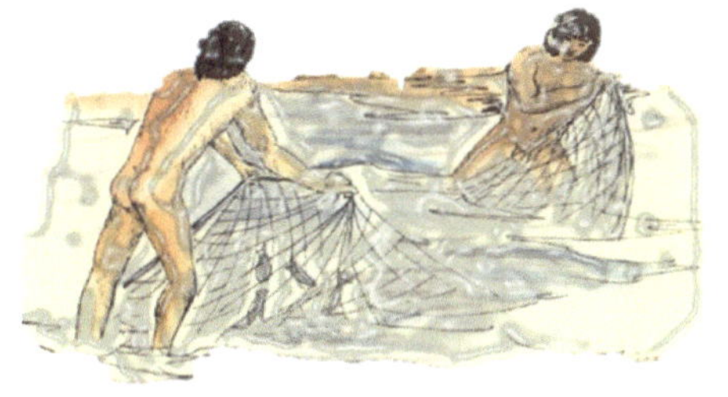

En cuanto a la pesca, los taínos emplearon varios métodos. Las redes se usaron en la pesca de alta mar y el arpón para la pesca en aguas de poca profundidad.

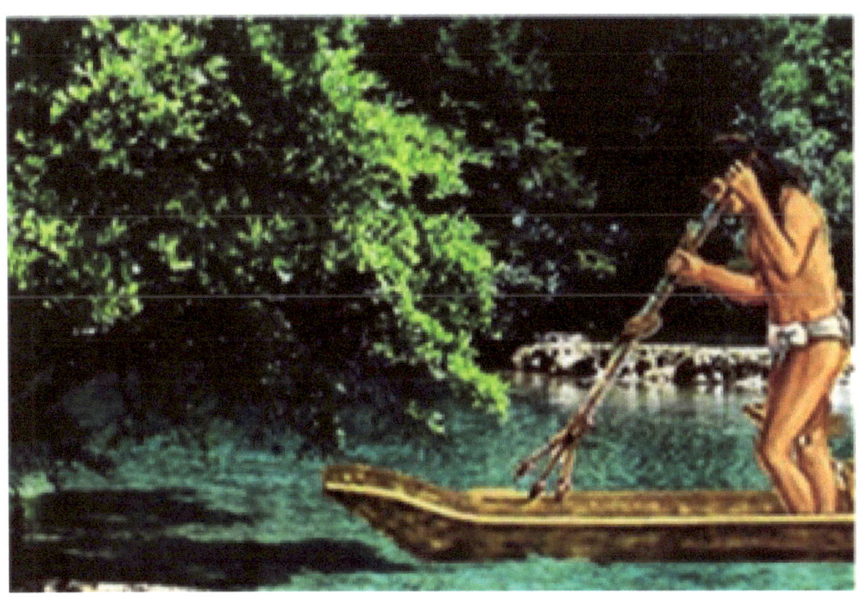

Los indígenas de la isla del Caribe eran pacíficos y bien organizados. Tenían un respeto mutuo entre territorios y sus grandes animales estaban en extinción; por eso no precisaron en innovar sus instrumentos primitivos, por tal motivo en la época de la colonización de América se encontraron indefensos y acorralados.

CAPÍTULO II

El Arte, la música, el canto, la danza, la religión, el deporte y el comercio tenían una gran relación entre sí.

Las fiestas sociales más populares eran los **Areitos**. En estas fiestas los Tainos: bailaban, cantaban, decían sus poemas. También servían de propósitos educativos, era una forma de glorificar tanto el cacique como su cacicazgo. En estos festejos, las tradiciones y costumbres se traspasaban a las nuevas generaciones entre canciones y poemas.

Las poblaciones memorizaban estas leyendas, porque no existía la escritura. Además, celebraban los eventos anuales como: los días de sembrar la Yuca, las primeras cosechas, la celebración de matrimonios, el nacimiento de un taíno de la clase alta, la transición de la niñez a la edad adulta del sexo femenino que pertenecían a la alta clase social, una visita de un cacique o una victoria sobre un enemigo. También los caciques mandaban Areítos solamente para entretener o complacer a su gente y unirlo más como un grupo debajo de su líder o para propiciar a un Cemí en particular.

Lynne Guitar describió en la "**Nuevas notas sobre la música taína y su influencia en la vida dominicana contemporánea**". Lynne explica de qué manera llegaban las letras y las melodías de las canciones a estas poblaciones que estaban relacionados con sus creencias. Ella nos cuenta de que manera el dios o Cemí escogía a la persona para que cantaran sus canciones. Según dice, la persona era escogida cuando esta caminaba sola por los bosques, montañas o ríos y estas canciones eran rebeladas por medio de los sueños. También nos habla de las canciones "llamar y responder", se trataba de un cantor o cantora quien era líder y bailaba cantando, acompañado por otros cantores y bailadores, se juntaban con el líder de esa manera comenzaba a "llamar y responder", siguiendo los pasos del líder respondiendo a su canción o poema. Las canciones eran divinas, para todas las civilizaciones del continente americano y por esto es muy popular los cogedores o intérpretes de los sueños entre los indígenas.

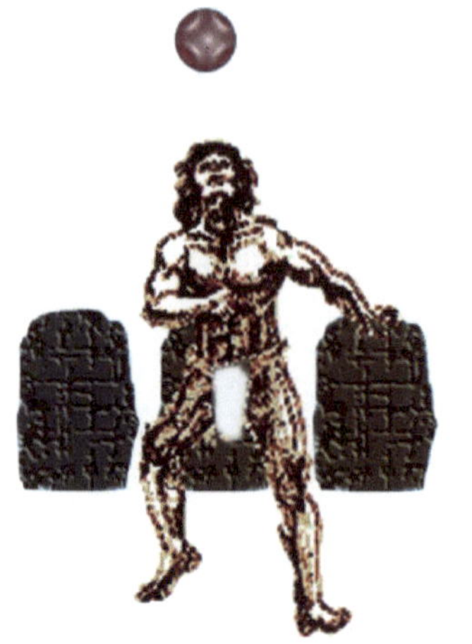

Las victorias deportivas eran celebradas con música y danza, este juego era conocido como el Batú, el espacio donde jugaban era llamado Batey. Los europeos no conocían este tipo de pelota. El deporte consistía en mantener la pelota en lo alto y tenía que tocar con cualquier parte del cuerpo excepto con las manos. Estas bolas se fabricaban con hojas y resinas, este material hacia que la bola saltara.

Ritos, Creencias y Arte

El ritual de "La Cohoba" fue la ceremonia principal religiosa taína, donde los caciques, Nitaínos, Bohiques o chamanes, participaban en ella para consultar a los Cemíes. Estos eventos eran muy importantes para las comunidades.

Los intercambios comerciales tenían muchas relaciones con estos rituales. Había ritos para obtener un buen intercambio comercial y los intercambios podían ser externos o internos y se hacía en forma de trueque o utilizaban El cacao o Cacahuatl como moneda de cambio. El trueque consistía en intercambiar un objeto por otro o un producto por otro, ejemplos: maíz por huevos de tortuga, pescado por Yuca, y así sucesivamente, pero cuando había una transacción en deuda se utilizaba el cacao.

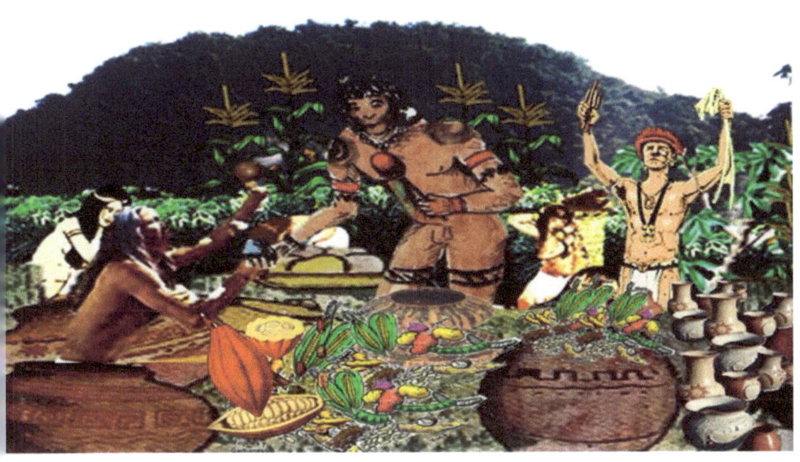

En estos rituales, los caciques recibían a los participantes haciendo sonar el Mayohuacán (Tambor de madera o bambú). Los participantes se sentaban alrededor del Cemí en cuclillas, con las manos sobre las rodillas. La cabeza del Cemí servía como bandeja para el polvo ceremonial alucinógeno, llamado caoba, era una mezcla de sustancias, con tabaco y hacían un polvo, el cual se aspiraba con un inhalador en forma de Y.

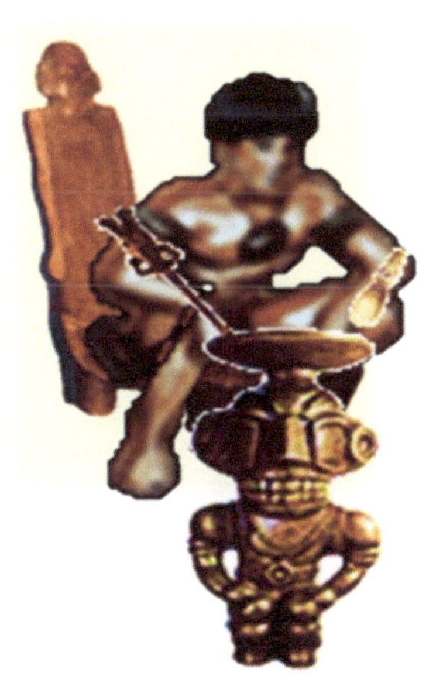

El tabaco ocupó un sitial muy importante en esta sociedad. Los indígenas usaron el tabaco por placer y para mitigar el cansancio del cuerpo en las largas caminatas que frecuentemente hacían; pero al parecer, por sus propiedades embriagantes y aromáticas, el tabaco en forma de rapé fue uno de los componentes de los polvos alucinógenos inhalados en estas ceremonias.

Después de entrar en éxtasis, el cacique se sentaba en su Dúho, o banco ceremonial. Los Dúhos eran unas banquetas bajas, bien labrados, estas banquetas se han considerado como las expresiones más bellas del arte taíno. Se confeccionaba en caoba o guayacán; entonces el cacique desde esta banqueta hacía sus consultas al Cemí; por medio del Bohique que entraba en un estado de trance y de esta forma entraba en comunicarse con sus dioses o espíritus.

El Bohique invocaba a los dioses pidiéndoles ayuda o protección. Los estudiosos de esta cultura han venido representando al brujo con dos maracas, pero según otros, ellos sólo utilizaban una y la golpeaba con el otro brazo.

 La mitología religiosa, fue la base central que hizo desarrollar el arte en esta civilización prehispánica. Los repertorios ceremoniales que se representaban dentro de la variedad y cantidad de estos objetos eran trabajosamente elaborados. En algunas ocasiones los taínos se veían obligados a alterar las formas convencionales, para adaptarlas al material o campo decorativo disponible. Poseían una verdadera habilidad y sentido estético. Este arte logra sus más bellas expresiones plásticas, Con el propósito de lograr su objetivo artístico, ellos utilizaron las piedras duras como el granito, la diorita, el basalto y otras más fáciles de tallar, como el mármol y la serpentina. En muchos casos el color de la piedra, las vetas de la misma y el pulimento facilitaba enriquecer la obra artística.

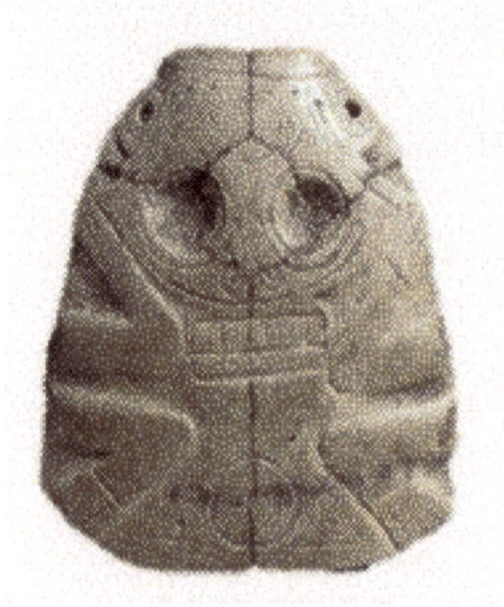

Los Tainos tenían una gran destreza en el trazado de sus líneas. En esta figura podemos ver una expresión humana, plasmada bajo relieve.

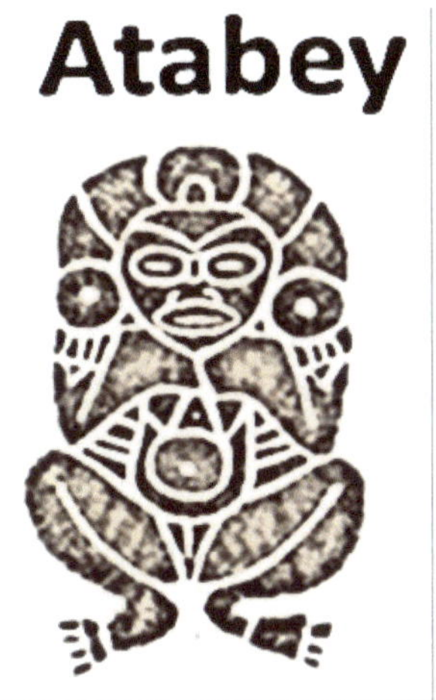

En los rituales, el arte fue representado en todos su mitología. La Diosa **Atabey** era la primera femenina del mundo, La concepción de Yúcahu. Según la leyenda Atabey concibió a Yúcahu sin mediación de ninguna potencia masculina, por lo que Yúcahu no tuvo padre. Atabey Además de ser diosa madre, fue divinidad en la **Luna** y

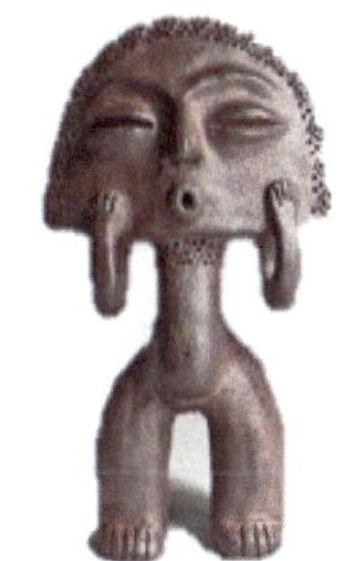

el mar (entre la fertilidad y el nacimiento). Los taínos rendían honores a la diosa, para que protegiera a las parturientas y facilitara el alumbramiento.

El principal protector era **Yucahu** el hijo de **Atabey**, Cemis de tres

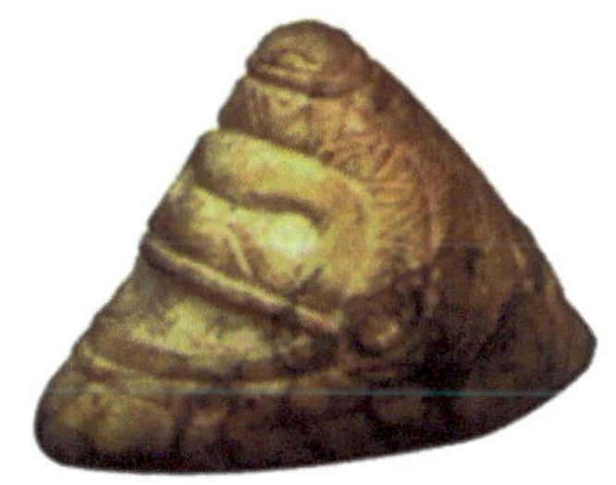

puntas, o Trigonolitos, se les ha relacionado con los rituales del crecimiento de la Yuca y la presencia de la lluvia. Estos eran manufacturados en Diorita, Peridotita y varios materiales calcáreos y muestran rostros humanos y de animales; los ojos y la boca las decoraban con diseños incisos.

El sol, el viento y la lluvia, representaban las fuerzas de la naturaleza. El politeísmo de los taínos, les permitía la creación de una serie de mitos para explicarse los fenómenos naturales y para la creación de la luna, el sol, los mares, la tierra y de los hombres. Los Cemí representan las diferentes (fuerzas de la naturaleza). Sus principales mitos tienen que ver con el origen del mar, la creación del mundo, del hombre y la mujer. El poder de los Cemíes era invocado para controlar fenómenos naturales, como la lluvia, en el caso de enfermedad y en rituales adivinatorios. El Bohíque era el personaje más importante después del cacique, hacia la ceremonia de la Cohoba (aspirar el polvo de tabaco) en busca de consejo de los espíritus. Los taínos creían que sus dioses se alimentaban igual que ellos, por lo que les ofrecían alimentos en el caney del Bohíque donde estaba el Cemí principal y era donde llevaban las ofrendas para la buena cosecha. Creían que al morir su alma iba al cielo a la isla Coaybay.

Los taínos contaban con un sistema de creencias, basada en las fuerzas vitales y contradictorias, mueven la secuencia del tiempo y son las fuentes del desarrollo agrícola y en un sentido amplio de todos los aspectos de la vida. Los dioses alternan los tiempos de lluvia y la sequía.

Boinayel era el portador de las lluvias, para una sociedad que

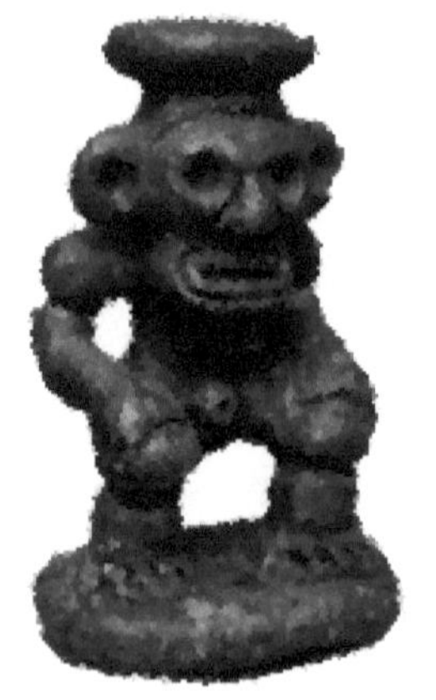

dependía de la lluvia, se lo adoraba individualmente. La creencia era que se desplazaban a las cuevas donde se hallaban sus representaciones, y en tiempos de sequía mediante ofrendas, le pedían que llorara pues sus lágrimas se convertirían en lluvia; por eso se lo personifica con lágrimas que surcan desde sus ojos, y en caso de que las lluvias fueran excesivas, le rogaban que se detuviera.

Guabancex- Según se cuenta Guabancex, diosa de los vientos, espíritu caótico e indomable, cuando se sentía ofendida enviaba los 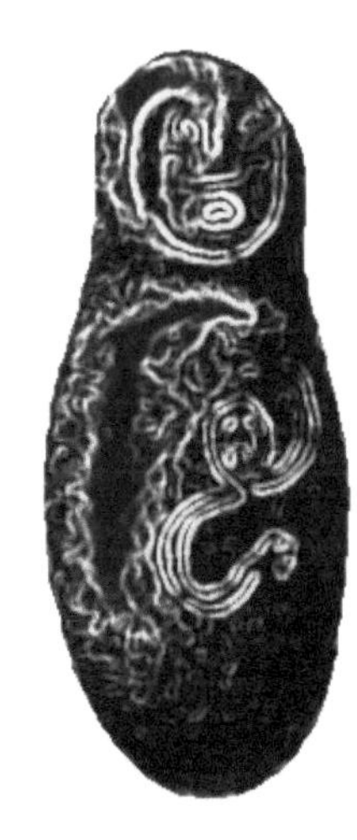 huracanes, los vientos arremolinados que todo lo destruían y manifestaban su furia sobre los desobedientes. Es el aspecto destructivo de la madre divina, la diosa del huracán causa estragos en las Antillas. Airada e iracunda, vivía en los dominios de Aumatex, cacique de la tierra de los vientos, de donde salía siempre enojada; con sus dos ayudantes Coatrisquie y Guataubá, caminaban hacia los demás Cemíes para que se unieran a la destrucción, recogiendo el agua del mar y de las montañas para luego dejarla caer sobre las cosechas. En la ceremonia de la Cohoba el cacique y los líderes espirituales ofrendaban frutos recolectados y parte de la cosecha. Ellos creían que calmando el hambre de la diosa, ganaban su favor. Guataubá, era el pregonero que, con nubes, truenos y relámpagos, anunciaba a deidades y mortales la inminencia de la tempestad.

Otra leyenda dice "**Guabancex** estaba en el país de un gran cacique de los principales, se llamaba Aumatex; este Cemí es mujer y dicen que hay otros dos en su compañía: el uno es anunciador, el otro recogedor y gobernador de las aguas. Cuando Guabancex se encoleriza, se dice que hace correr el viento y el agua, echaba por tierra todas las cosas, arranca los árboles y era hecha de piedras de aquel país. Otro Cemí era Guatauva era pregonero y herrado que por mandato de Guabancex, ordenaba a los otros Cemíes de aquella provincia a que soplara viento y cayera la lluvia. Otro era Coatrisquie, de éste se decía que recogía las aguas en los valles entre las montañas; dejándola correr para que destruyan la tierra, trayendo muertes y enfermedades.

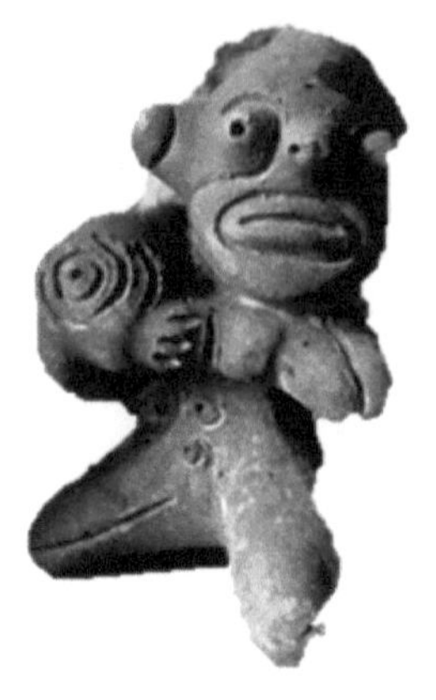

Coaybay era el señor de los muertos, encargado de mantener la guardia y vigilia del espacio. Este lugar era donde los que fallecen descansan. Se relaciona y representa como murciélago. Su función era mantener el equilibrio entre las fuerzas antagónicas del día (orden, mundo de los vivos) y la noche (desorden, mundo de los muertos). Los taínos creían "que había un lugar al que van los muertos, que se llama Coaibai, que está en una isla, llamado Soraya. El primero que estuvo en el Coaibai dicen que fue uno llamado Maquetaurie Guayaba, que era señor del Coaibai, casa y habitación de los muertos" por (Ramón Pané).

También se habla de **Opiyelguobirán,** el guardián de los muertos, constantemente busca el bosque, donde viven los opías espíritus de los muertos. Es el mediador que se ubica entre el mundo de los vivos y el de los muertos. Tiene la obligación de mantener a los seres vivos y no vivos en el mundo que les corresponde controlar, lo que entran y lo que salían de un domino al otro y que tenía cuatro pies de perro.

Corocote, espíritu picaresco, guardián del romance y el placer sexual, además representa la virilidad sexual y el amor carnal. Esposo de muchas mujeres y padre de muchos hijos.

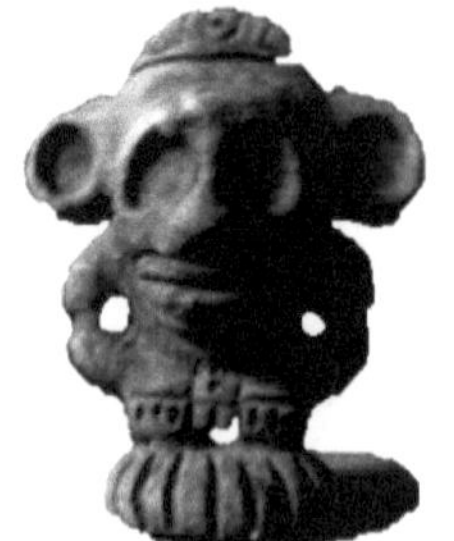

Baibrama fue la deidad del cultivo de la Yuca, guardián de la fertilidad y severo juez de la calidad del casabe (pan de Yuca). Su severo control le granjeó el mote de "feo y malo".

Infundía temor a quienes no querían cumplir, con la tarea de rayar la 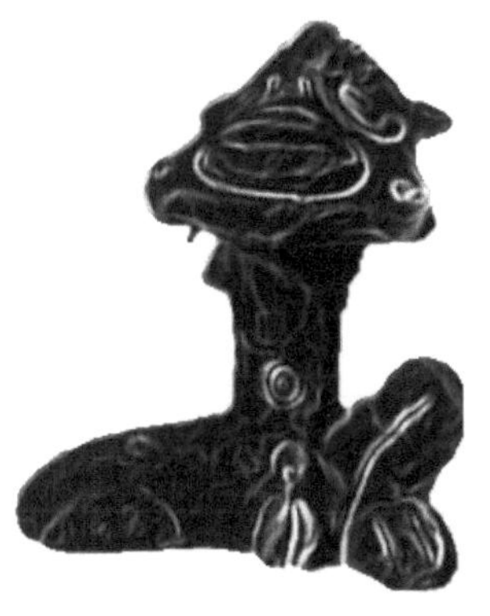 Yuca y extraer el jugo dañino antes de consumirla. A veces, lo representan en cuclillas con los brazos en jarra y las manos sobre los muslos, iracundo, con dientes amenazadores. Otras fueron con el torso delgado y escasos músculos, simbolizando la planta de la Yuca. En ocasiones lleva un tablero en la cabeza para recoger el zumo venenoso de la Yuca amarga. Faraguvaol, también llamado Baraguabel o Araguabaol, era el guardián de las plantas, animales y peces; regenerador de la naturaleza. También, "concebían otras divinidades o Cemíes que habitaban en el cielo, El señor de los muertos o Espíritus de los muertos, eran irreverentes y burlones-, disfrutan de engañar a los vivos. Duermen de día y salen de noche a comer guayaba. El jugo de esta fruta produce una pintura de color negro con la que simbolizaban la muerte. Su función era mantener el equilibrio entre las fuerzas antagónicas del día y de la noche". En su sistema de creencias los Hupías (Opías) son los espíritus de los muertos, y se diferencian de los Goeiza, espíritus de los vivos. Los Hupías son capaces de asumir muchas formas, a veces aparecen como personas sin rostro o toman la forma de una persona conocida, aunque pueden ser distinguidos por su falta de ombligo. También se les asocia con los murciélagos y se dice que salen de noche a comer guayaba; y se les teme porque seducen a las mujeres y secuestran a los que se aventuran a salir en la noche".

Prácticas funerarias

Las ceremonias funerarias se hacían de diferentes formas. Lo único que unificaba los ritos y ceremonias de enterramiento, era la creencia en un mundo supra-terrenal o de ultratumba, por lo que los muertos eran enterrados con sus pertenencias esenciales para que en el más allá reconciliaran la vida personal con la vida material.

Si quien moría era un cacique se acostumbraba, en algunas regiones, a enterrar viva a su esposa preferid.

El cronista Gonzalo Fernández de Oviedo narra que, después de muerto, a los caciques los vendaban con un tejido de algodón, le ponían sus joyas preferidas y lo sepultaban sentado en un Dúho dentro de una bóveda de palos y sus indias e indios recitaban en los Areitos las obras más sobresalientes de su vida.

CAPÍTULO III

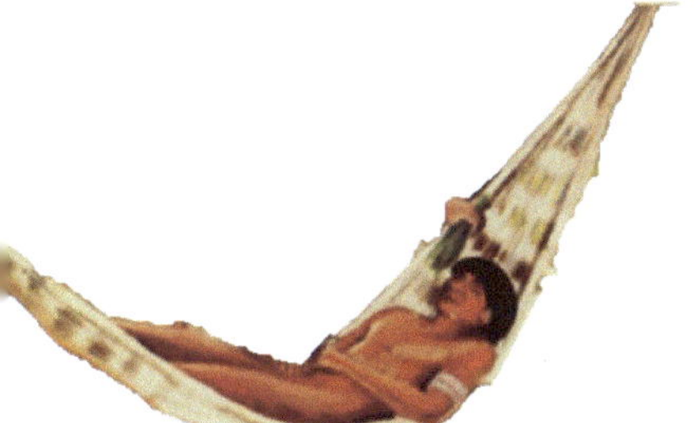

A pesar del avance que presentaban los Tainos; colon los considero salvaje y sin ropa. El clima le permitía a los indios usar poca ropa y las armas que utilizaban no tenían el alcance de los europeos. Esta eran una civilización pacifica e inocente, sin   malicia; sabían trabajar el oro, las piedras preciosas y podían confecciona la poca ropa que necesitaban, pero fueron   vilmente engañados. Según los estudios las mujeres casadas usaban unos pequeños delantales amarrados a la cintura. Estos delantales eran llamados Naguas y eran hechos de algodón tejido por las mismas mujeres. Era también costumbre de usar fajas de tela de algodón amarradas a los tobillos, en el antebrazo, y tejían sus camas (Hamacas) tejida con fibras de maguey o con hilos de algodón.

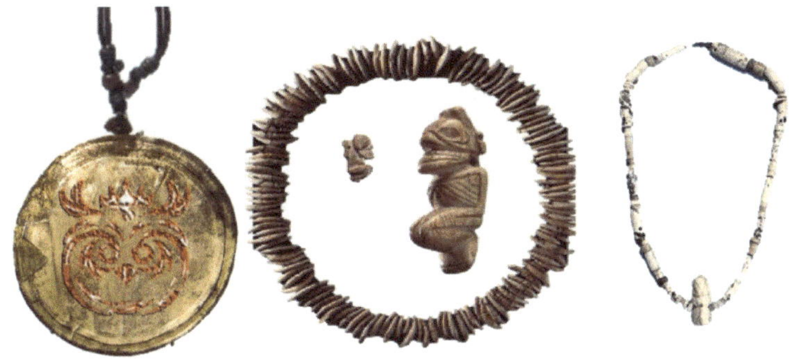

Los Taínos confeccionaron sus indumentarias y adornos de uso corporal de gran belleza, sobresaliendo los amuletos y collares de piedra, caracoles, colmillos; pulseras, brazaletes, las carátulas de concha sostenidas en los cinturones, trenzados de algodón, pantallas en las orejas y en la nariz y también los Guaníes o discos de oro que usaban los caciques.

Al llegar la colonización española, esta vida apacible y armónica; se convirtió en una zona de explotación: minera, agrícola, humana hasta llegar a la esclavitud. Comenzaron con sólo la fuerza laboral humana existente en la isla (esclavitud indígena), cuando esta mano de obra comienza a desaparecer, se sustituye con mano de obra extranjera (esclavos africanos). Estos esclavos extranjeros eran muy costosos y fueron remplazados por la fuerza animal.

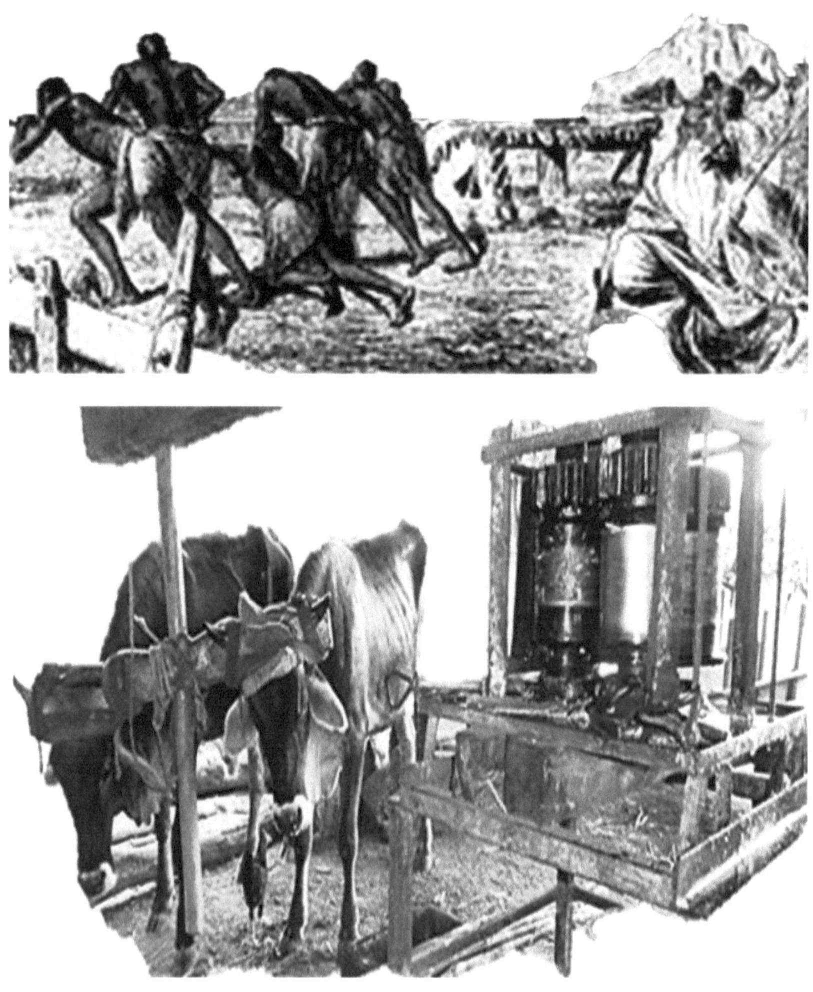

Los colonizadores no dejaron vestigio algunos de esta raza. La provincia de Puerto Plata y provincia de Santiago: fueron la más afectada, las ambiciones de estos recién llegado fueron implacables. Los colonizadores saquearon, enmudecieron estas poblaciones encontradas y más tarde esta raza pura quedo exterminada. La maldición de esta área fue; ser la zona más rica de la isla (agrícola y minera). Esta prosperidad atrajo muchos comerciantes europeos (portugueses, franceses, ingleses y holandeses). Los españoles consideraron esta transacción comercial ilícita y deciden a través de la Cédula Real de 1603 despoblar la zona noreste para erradicar lo que ellos consideraron contrabando. Este hecho en la historia se encuentra como "La Devastación de Osorio" 1605-1606. Entre el comienzo del siglo XVII y la segunda mitad del XVIII, fue llamado "los tiempos de miseria colonial" llena de Bucaneros y piratas.

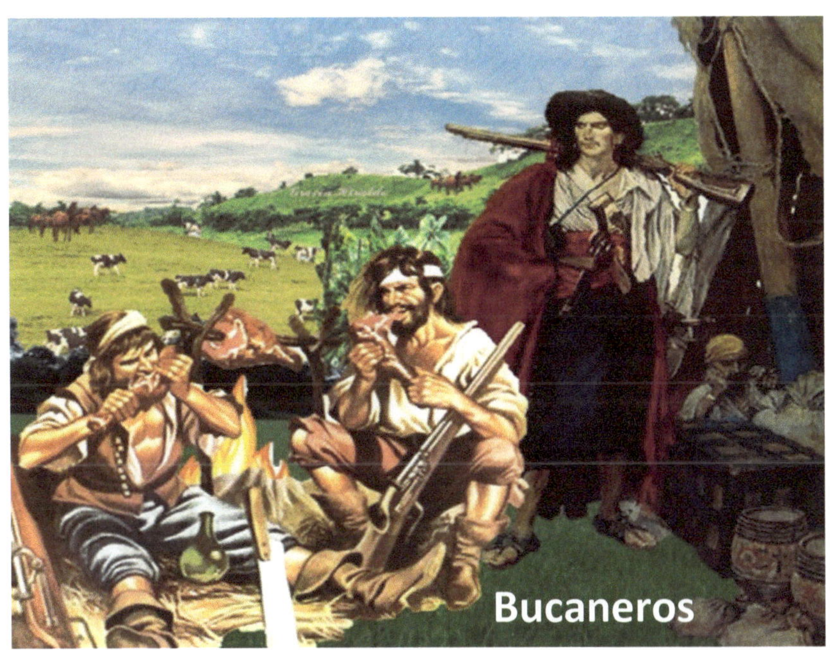

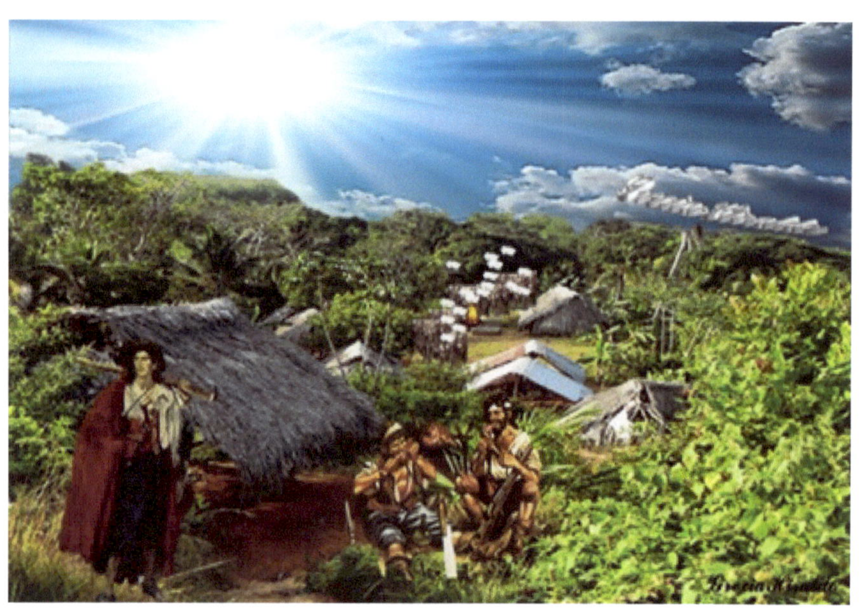

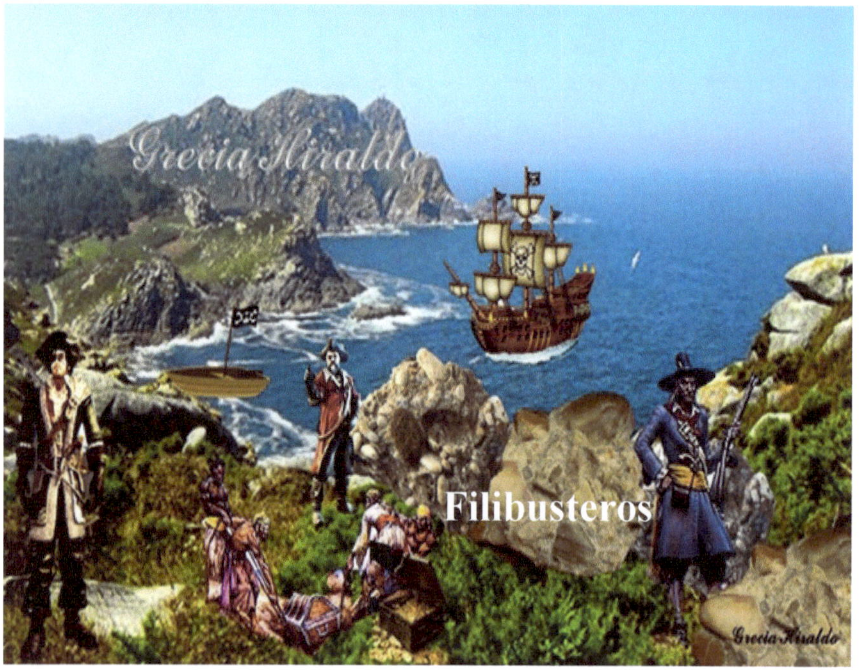

La vivienda tendió a ser tan precaria, como la propia inseguridad de la vida de los   hateros y de los esclavos.

Ha mediado del siglo XVIII, la casa de Borbón sustituyó a la Casa de Habsburgo en España; introduciendo reformas económicas que poco a poco comenzaron a reactivar el comercio en la isla.

Se abolió el monopolio portuario y contribuye a que se reabriera este puerto de la villa Puerto Plata, con las plantaciones de tabacos, fueron reabiertos los ingenios y la importación de esclavos fue renovada.

Puerto plata, se vio reforzada por la inmigración de las Islas Canarias. Puerto plata tenía casi el 99.99% de su población eran extranjeros.

El secreto de esta población es que a pesar de ser extranjeros sus habitantes. La costumbre de esta población tiene la cultura prehispánica muy arraigada.

La encomienda que solicita Nicolás de Ovando, tuvo mucha relación con este hecho. A petición de Ovando; la reina Isabel firmaba una "Real Provisión" legalizando los matrimonios mixtos y los repartimientos de indios a favor de los españoles, El 20 de diciembre de 1503. A partir de aquí se comenzó a desarrollar una estructura social piramidal, la cual se graduaba por el origen del nacimiento.

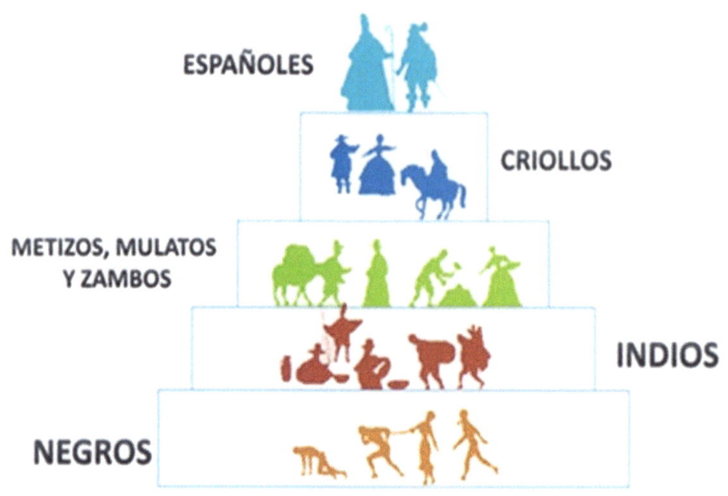

La organización social y los Diferentes grupos étnicos que se encontraban en el siglo XVI. En la zona septentrional y toda la isla:

Españoles (eran los Blancos que nacieron en España),

Criollos (eran los hijos de españoles nacidos en la isla), Encomenderos y hacendados, con acceso a cargos en los cabildos. Podían ingresar a comunidades religiosas y estar al frente en las parroquias.

Mestiza (era el cruce entre blancos y aborígenes o indígenas),

Zambos (era entre indígenas y negros),

Mulatos (era el cruce de blanco y negro). Eran los Peones agrícolas, artesanos, carpinteros, albañiles, etc. De las ciudades y podían ingresar al clero.

Indios eran encomendados a españoles y criollos para trabajar en las minas y haciendas

Negros (Los Esclavos), trabajaban en minas y plantaciones.

En esta pirámide social se encontraba la cultura prehispánica o precolombina: los Mestiza, los Zambos y otras más como los Castizos (mezcla de mestizo con europeo), Cholo (mestizo e indígena, etc...

Puerto Plata reabrió su puerto con estas manos de obra Mestiza, Zambos y Mulatos que sostenía el cultivo de tabaco en la región. Esta población nunca abandonó la zona, después de la devastación de Osorio. Se mantuvieron escondidos por todo ese tiempo en los más altos de la cordillera septentrional. La economía de esta población olvidada, se basaba en el cultivo de: Tabaco, cacao Caraotas (frijoles), Maíz y Calabaza o Auyama y tubérculos como Yuca, Batata y Ñame etc... Su   único entretenimiento era la música y su fiesta de enramada.

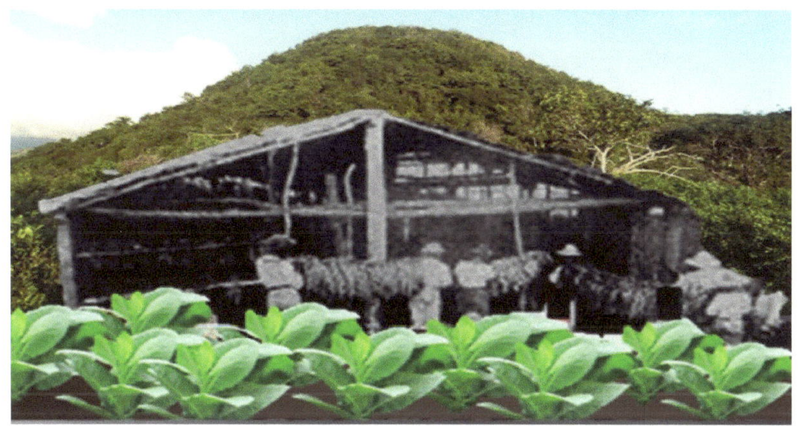

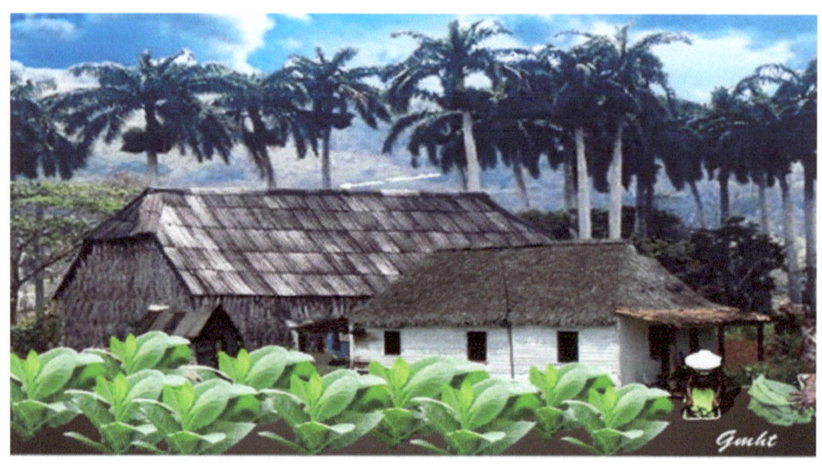

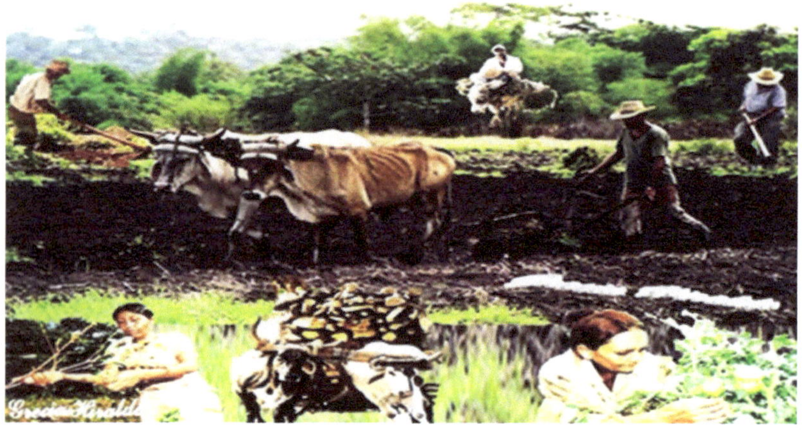

En esta población se mantuvieron vivos todos estos instrumentos musicales prehispánicos que eran rechazados por la alta clase social de esa época. Comenzaron a bajar lentamente de lo más alto de la cordillera; mezclarse con la nueva población recién llegada. El arte, la música, la costumbre, la economía y el vocabulario sufrieron una transculturización y los podemos ver en la vida cotidiana dominicana. Aquí podemos ver los utensilios transculturales locales en sus formas básicas.

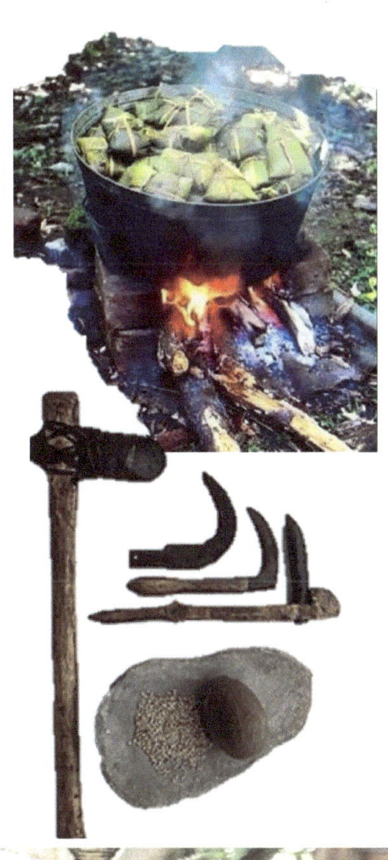

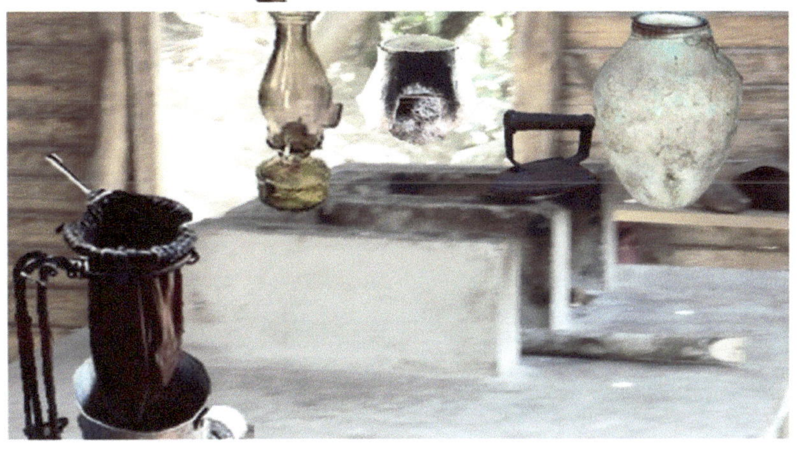

Se usaban las Ollas, Paila, Calabazas, Batea, Fogón, Tinajas son envases grandes para guardar agua. Conservaban la tradición de poner una piedra indígena (piedra de rayo) en el fondo de la tinaja para proteger la casa y mantener el agua limpia, etc... La Costumbre y vocabulario se quedó arraigadas en nuestra gente.

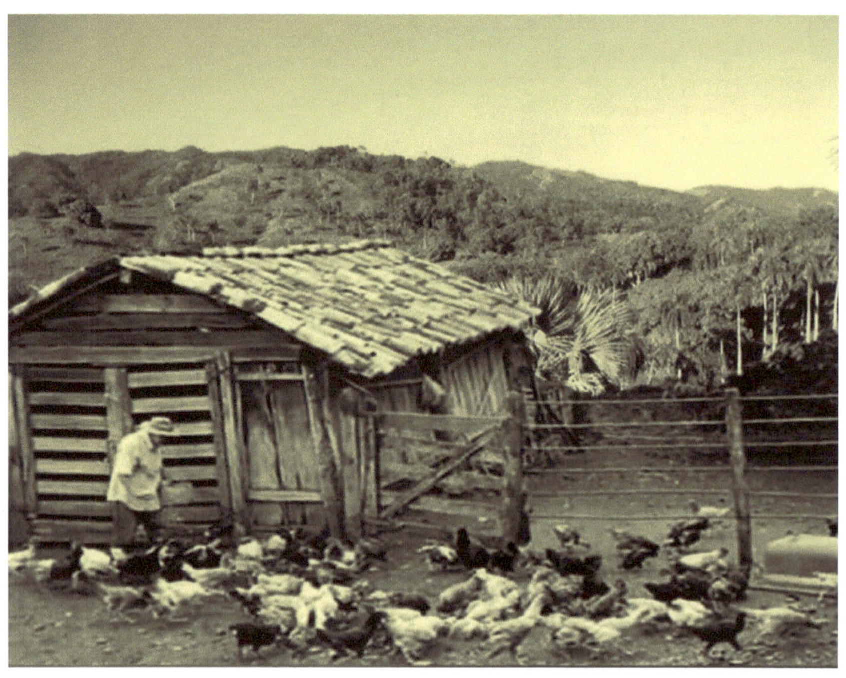

Hasta la medicina sufrió esta transculturización Ramona la Medica con residencia en Rincón Caliente Guananico, es recordada por el uso de la medicina tradicional que hizo extender la presencia de las medicinas indígenas,

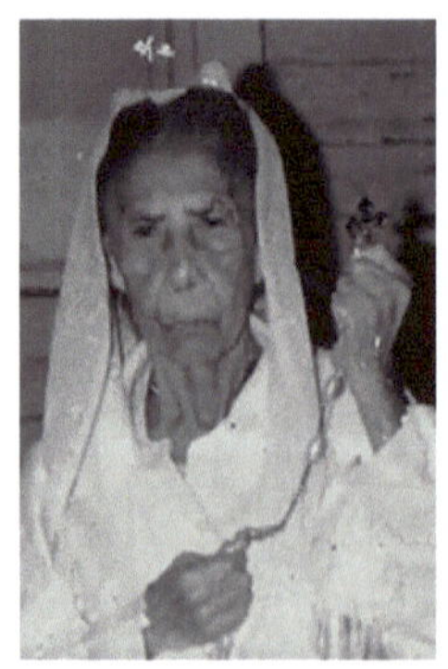

En este mismo Rincón surge la transculturización de la música. Nosotros los dominicanos disfrutamos, la música, el canto y el baile, haciéndolo parte de nuestra vida cotidiana.

Hoy en día se fabrican los diferentes instrumentos musicales elaborado por Isabelo Trejo Peña en Rincón Caliente Guananico. La diferente forma que tienen estos tambores, reflejas la mezcla cultural, Indígenas y africana.

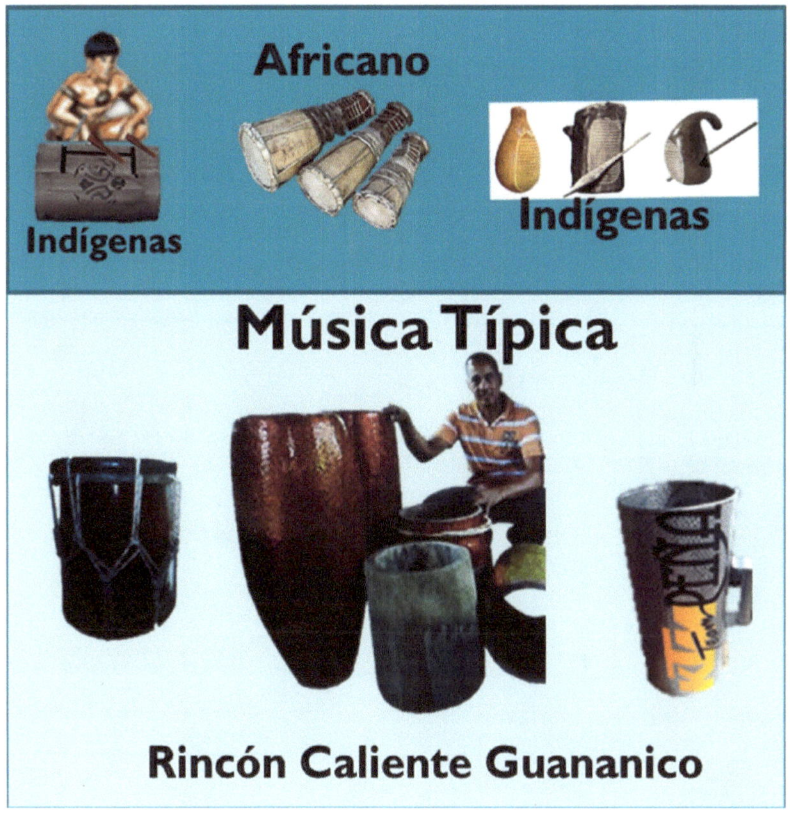

Todas estas influencias culturales taínas viven dentro de la gente, haciendo de esta una cultura única y especial. Aunque los conquistadores no dejaron muchos detalles, Pero los cronistas españoles escribieron que las melodías y los ritmos de la música de los taínos, se variaban dependiendo de la categoría de las canciones. Los vocablos son muy importantes en la mayoría de las canciones de los indígenas, como probablemente eran importantes en las canciones ñe los taínos. Un vocablo es una palabra que se compone de varios sonidos que no necesariamente tienen una significación en particular reconocido.

Los instrumentos musicales Tainos, pudieron mantenerse por muchos siglos, en la vida cotidiana de esta población. El instrumento de viento, por su sencillez pudo ser uno de los instrumentos más antiguos, con su diversas formas se encuentra en todas las culturas.

El Fotuto, era una flauta o trompeta con una sola nota, se fabricaba de la concha de un Caracol y tambíen fueron usados para enviar mensajes o avisos, probablemente en código. Estos

instrumentos podían estar hechos en conchas, bambú o hueso, etc.

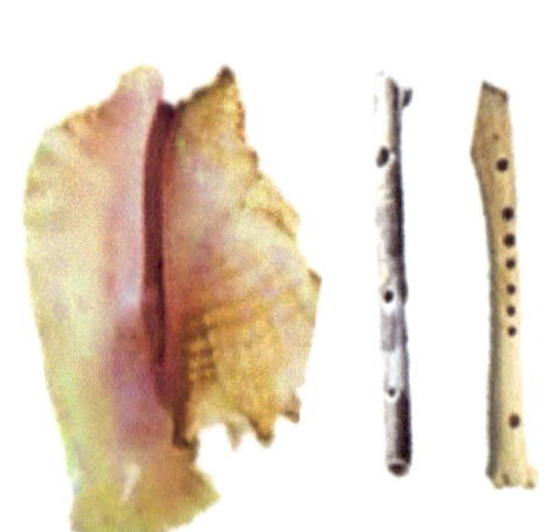

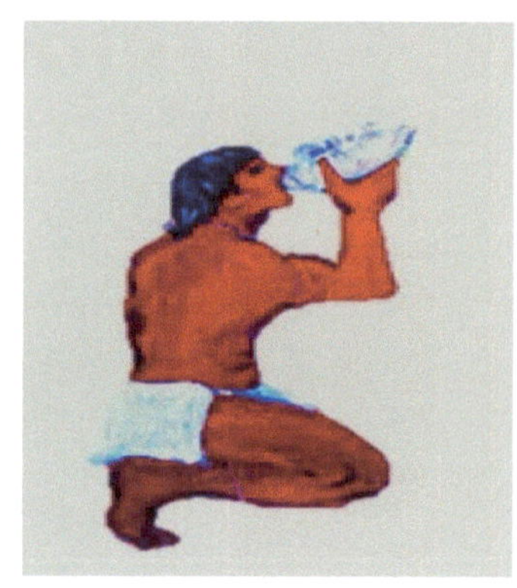

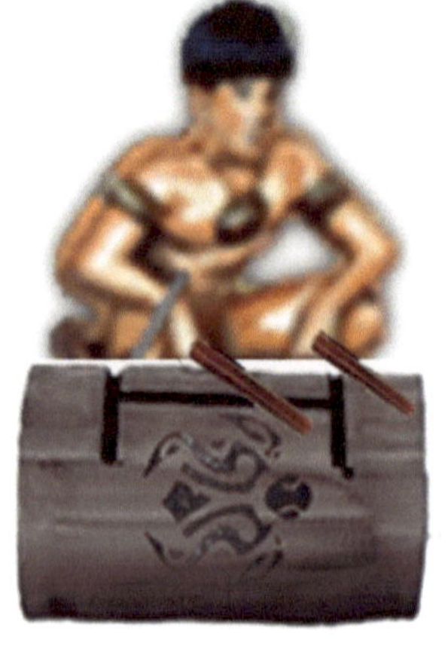

El principal instrumento de percusión de los taínos, era el **Mayohuacán** o **Maguey** cuando se fabricaba con tronco de un árbol, podía ser tan

36

grueso como un hombre; su sonido era logrado golpeándolo con otro madero.

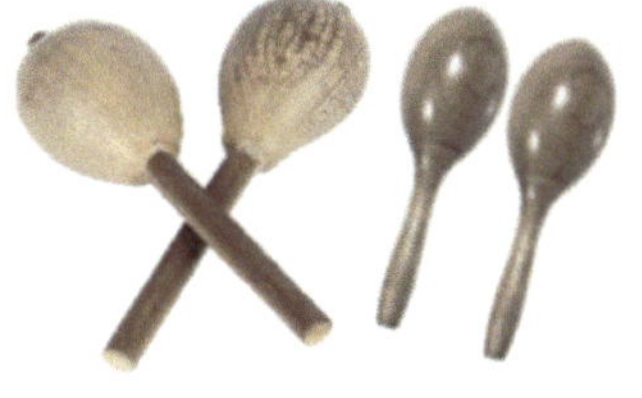

Las **Maracas**, mayormente fueron fabricadas de pequeños higüeros vacíos con mangos de palos incorporados, pero a veces eran esculpidos en madero.

Los Bohiques o chamanes, eran hechiceros, curanderos, sacerdotes o adivinos, usaban las maracas, para hacer sus rituales.

El **Güiro o güira**, eran raspadores que los taínos fabricaban de madero o higüeros alargados y vacíos, con surcos esculpidos en un lado.

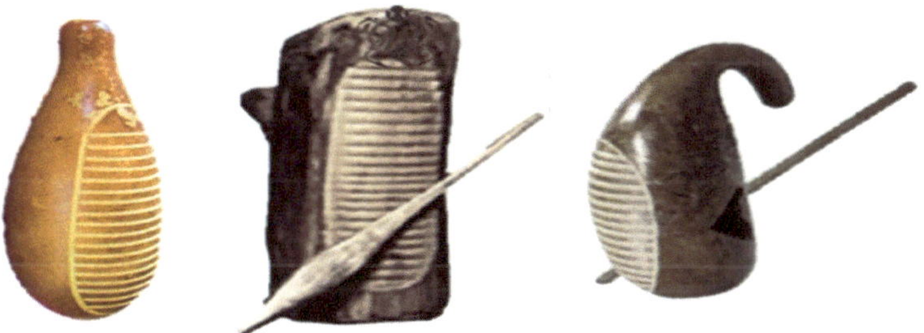

Parece que los músicos usaban un caracol o un pedazo de hueso, para poder raspar el instrumento, con el fin de sacar algún ritmo.

Lynne Guitar, nos dice de qué manera los músicos acompañaron a los cantores taínos, tocando Mayohuacan. Los Tainos a veces, tocaban Maracas (Sonajeros), Güiras (raspadores), flautas o silbatos de varios tipos. Aunque habría sido raro oír a un taíno

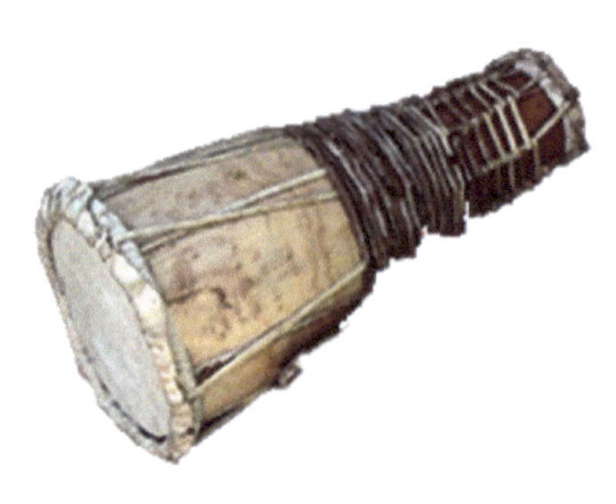

cantando sin el acompañamiento de percusión, la canción era superior a la música del instrumento.

Al comenzar a llegar los primeros esclavos africanos, entraron por esta zona noroeste al ser una de las áreas más productivas y la más afectada en cuantas manos de obra, en el siglo XVI. Esta nueva cultura comenzaron a practicar sus ritos, creencias y a construir sus propios instrumentos.

El progreso social dominicano, ha sido muy lento, porque siempre ha estado en conflicto político. "Nuestro país tiene un gran defecto, quienes los conocen, no lo pueden olvidar y es irresistible que todos los quieren obtener".

Los planteamientos de la vía ferroviaria (Puerto Plata - Santiago), comenzó con el gobierno del presidente Fernando A. Meriño y por conflicto se comenzó a construir durante el mandato del dictador Ulises Heureaux; con un préstamo concedido por una empresa de Holanda, en 1892. Esta vía incrementa el intercambio comercial y turístico (cargas y pasajeros) entre Santiago y Puerto Plata. Operaba bajo la dirección de la compañía estatal Ferrocarril Central Dominicano (F.C.D)

COMO SE TRANSPORTABAN
LOS GUANANIQUENSES
HASTA 50S

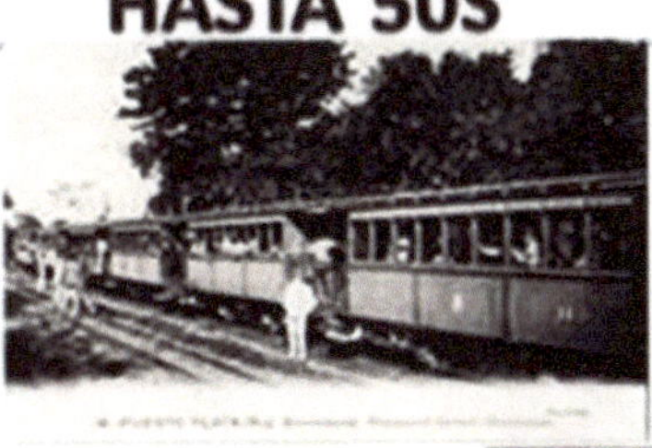

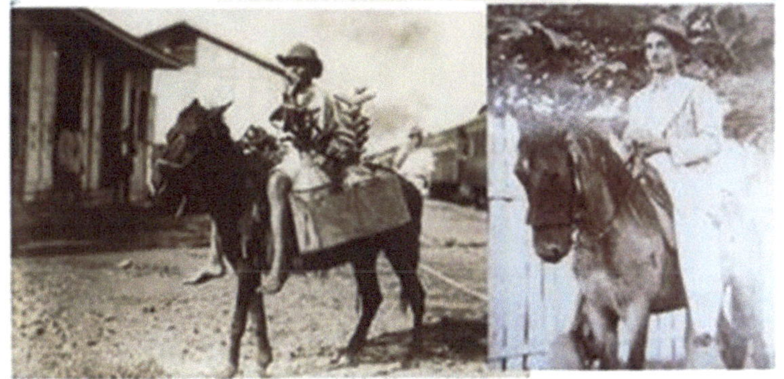

CAPÍTULO IV

Evolución Social

Dominicana

Sociedad taína prehispánica o precolombina, tiene una evolución sencilla arquitecturalmente, pero muy compleja. La forma sencilla la podemos describir como la describió Gonzalo Fernández de Oviedo indicó que el bohío de los taínos estaba representado por dos tipos de construcciones, uno redondo de palos parados o verticales llamado caney; muy resistente a los vientos y otro cuadrado de dos aguas, con más aposentos o piezas.

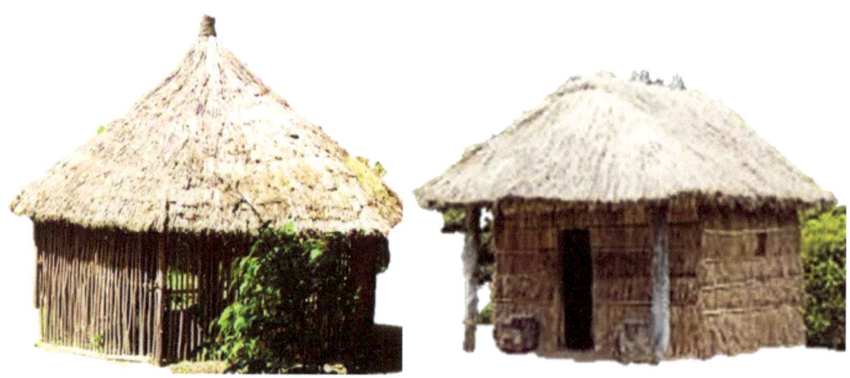

Este último era habitado por los caciques y otros con cierta jerarquía en la sociedad indígena. Ambas viviendas se hallaban recubiertas de pajas, obtenidas de diversas variedades de palmas y gramíneas. El cronista añadió que este último material era decorativo, ya que en su época se iba extinguiendo. Los colonos usaban este material para alimentar los animales.

En esta sencillez construcción se escondía algo más complejo, en el área urbana principal. El Yucáyeque o pueblo principal se asentaba en el mejor espacio del cacicazgo. Estas ciudades o villas no se hacían en cualquier lugar. El lugar escogido tenía que estar en armonía adecuada. Al ser los Tainos politeístas, habían alcanzado un gran desarrollo cultural que le permitía estudiar los fenómenos naturales. De tal manera que lograron aplicar la arquitectura Eco-Armónica.

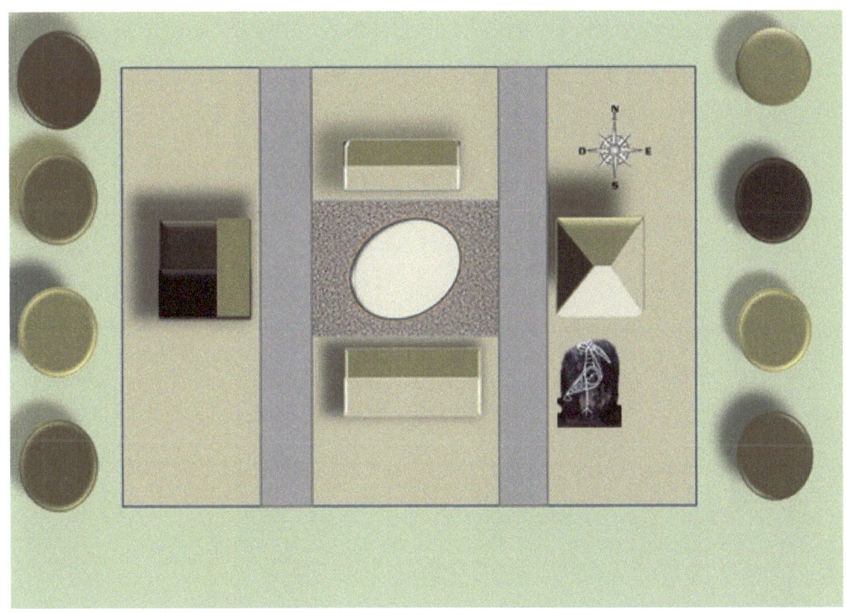

El punto principal era la una plaza central, con forma rectangular llamada Batey; para la construcción de esta plaza se tomaban muchos elementos en consideración. Los más importantes eran que hubiera un gran equilibrio; Porque desde ahí se dirigía todo el territorio.

Las ubicaciones de las construcciones principales eran muy importantes y sus focos principales eran: el sol naciente, el sol poniente, la plaza, la casa o caney del cacique, el templo que era de forma cuadrangular y sus accesos. Desde aquí comenzaba la organización y el equilibrio de un cacicazgo con su cosmos. Después le seguía la cárcel con los guardianes en turno y frente se construía la cocina. El ajuar de la cocina era sencillo, usaban ollas y tinajas de barro o vajilla del fruto de la higuera como platos, escudillas y tazas, además del guayo, espacie tabla hecha de corteza de palma (yagua) con muchas piedrecillas incrustadas donde rallaban casabe. Los accesos a esta plaza, casi siempre eran dos, dividiendo la población en barrios y estaban rodeados de campo de cultivos. El Yucayeque, era el que se   organizaba de esta manera.

Estos asientos urbanos están siempre relacionados con el movimiento planetario representado por los movimientos solares. La orientación de estas construcciones principales tenía que estar ubicado oriente y occidente.

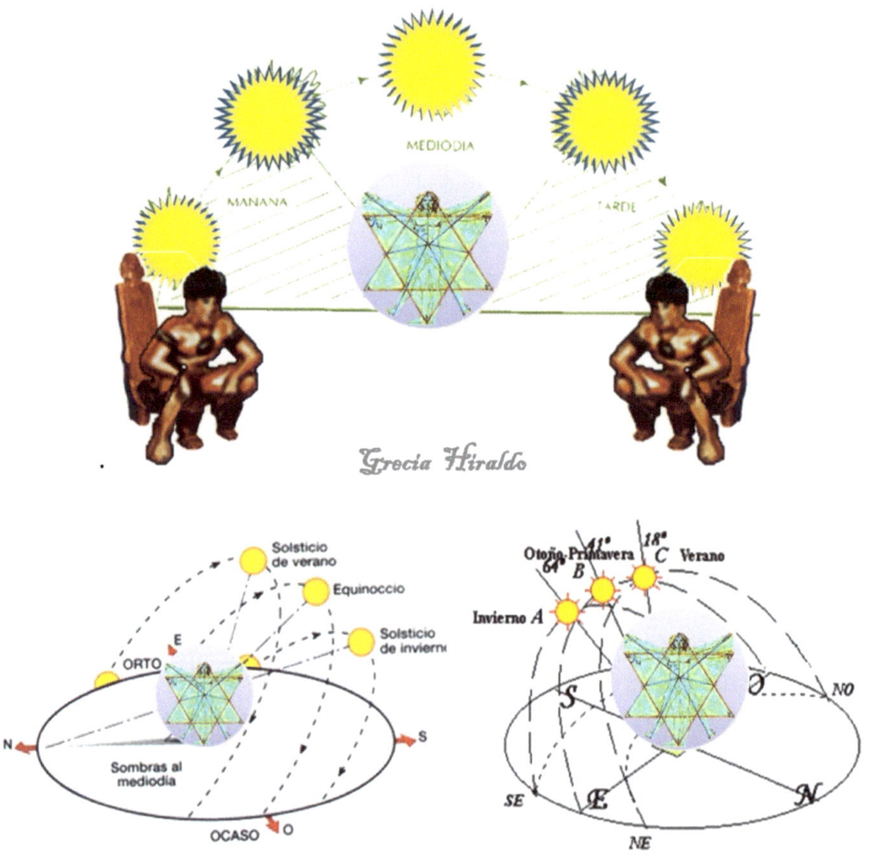

El objetivo era obtener un equilibrio armónico entre el entorno natural ecológico, con la matemática geométrica, influencia por la astronomía o arqueo astronomía. Ellos buscaban el equilibrio entre hombre y el universo. La búsqueda de una visión de equilibrio entre: los puntos energéticos, el entorno natural, su forma, los materiales y su orientación.   Trataban de obtener la atracción energética por medio de una atracción magnética. De la misma forma en que trabaja el cosmos. El cosmos se compone de energía, Esta energía se compone de geometría, luz, electromagnetismo, equilibrio y bienestar

Los puntos de salida y ocultamiento del sol, era la base principal de orientación, para encontrar el equilibrio entre alma, espíritu, espacio, entorno y universo.

Esta población miraba los días del sol vernal, en el año tomando en cuenta los días equinoccio a los solsticios que ahora podemos decir que sería el 20 o 21 de marzo y 22 o 23 de septiembre; con los cuatro periodos de lluvia o de sequía que determina el calendario agrícola y este a su vez con el calendario ritual.

El método de construcción utilizado se basaba en postes u horcones de maderas que enterraban en el suelo, con cañas sujetadas por bejucos.   Las dimensiones se tomaban mediante una cuerda de algodón con nudos indicando las distancias. La altura tenía que ser proporcional al diámetro y de esta manera la estructura tenía una proporción equivalente. Cuando querían colocar los cuatro postes en el lugar exacto, lo hacían en lo que hoy sería el 21 de junio, aprovechando la orientación del sol.   Los techos   de estas

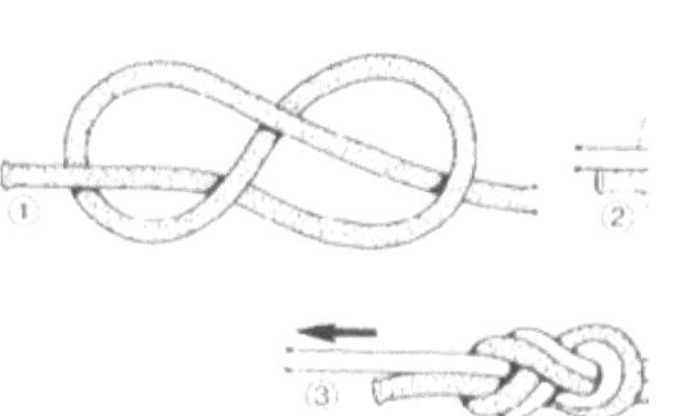

construcciones eran de palma o cana. Las casas circulares dejaban en lo alto un tragaluz que le servía de ventilación. La ventilación dejaba salida el aire caliente, el humo y se cubría de forma tal que el agua no entrara a la vivienda, pero tenía que cumplir con su objetivo. El modelo de planta circular no se siguió usando como vivienda.

Las plazas centrales tenían que cumplir con los requerimientos necesarios, porque ahí dependía: un buen rito religioso, un buen comercio, un buen juego deportivo, etc...

A partir de 1492, se comenzaron a levantar las edificaciones de los españoles durante la colonización.

La Isabela

Primera ciudad de América en el 1494

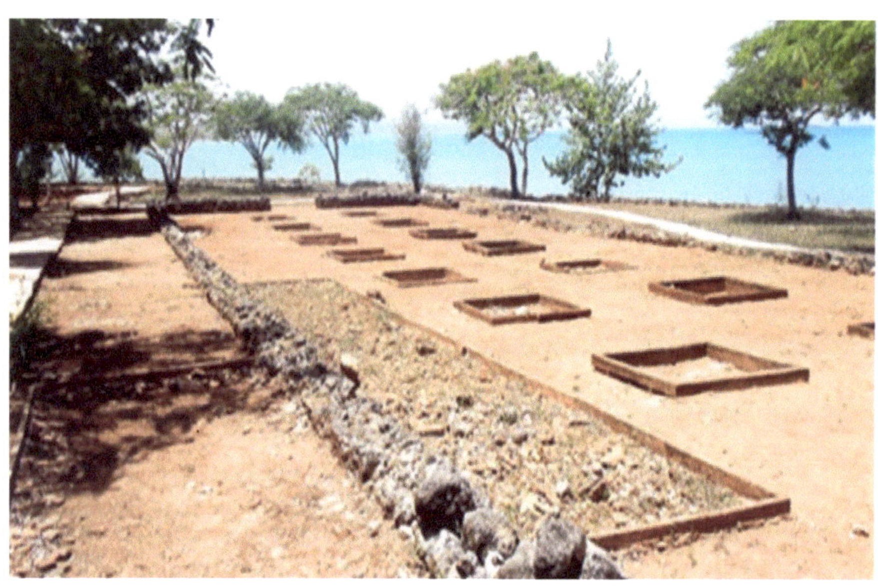

Según Walter Cordero que escribió El Bohío Dominicano "de lo real a lo simbólico"; él nos dan a entender que las primeras construcciones españolas no eran muy sólidas como parecían, pero daba una apariencia que era como relacional "entre la piedra y la paja".

Con el tiempo las construcciones españolas fueron más sólidas, con el fin de poder y fuerza. Convirtiendose en un estilo arquitectónico colonial que duraron varios siglos.

Santo Domingo

Arquitectura Colonial

El Alcázar de Colón o Palacio Virreinal de Diego. Diego Colón llegó en 1509 en calidad de gobernador, el alcazar fue construido entre 1511 y 1514.

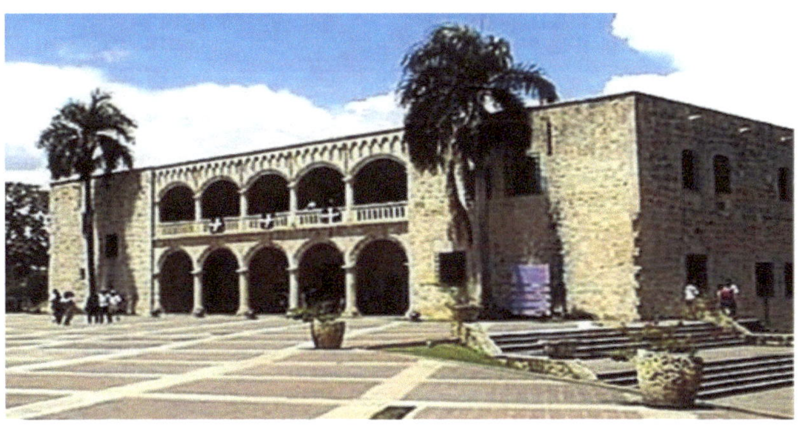

La Puerta de la Misericordia, denominada en principio "Puerta de Santiago" o "Puerta Grande", fue la primera puerta de la ciudad de Santo Domingo. El diseño y la construcción fue obra del Arq. Rodrigo de Liendo, del año 1543.

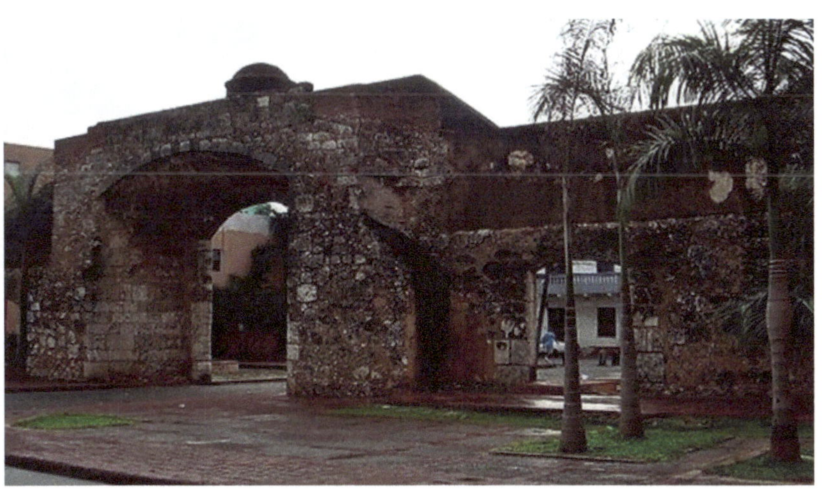

Originariamente llamada Bastión de San Genaro, hoy **La Puerta del Conde o Baluarte 27 de febrero**, es un edificio de corte militar del siglo XVI-XVII, Fue diseñado para defender a Santo Domingo de la invasión de los ejércitos y los ataques de piratas y corsarios.

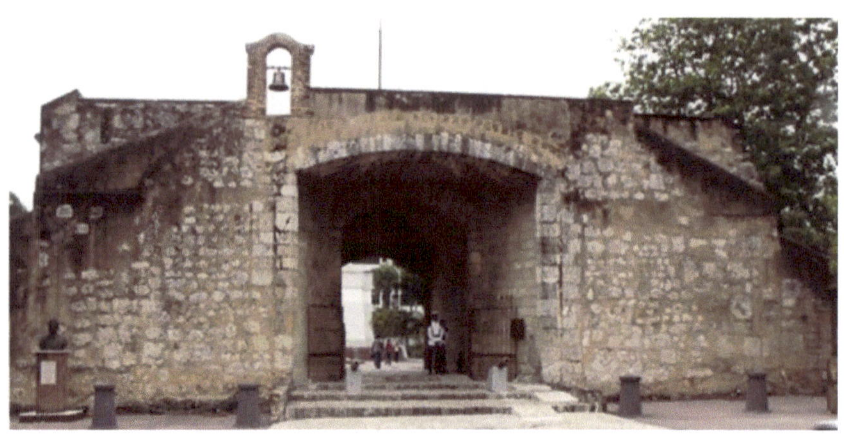

La primera Catedral construida en el continente América, fundada en el siglo XVI

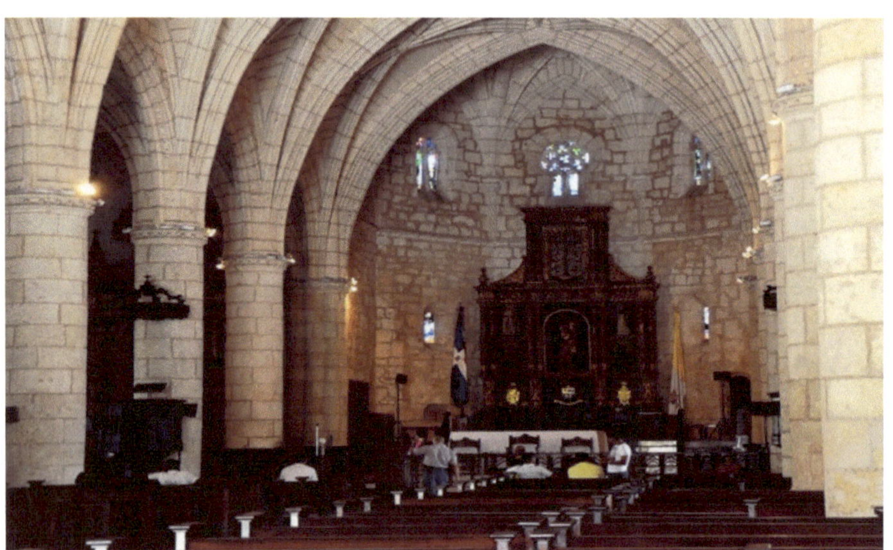

La Universidad de Santo Tomás de Aquino fue la primera de este tipo de instituciones fundadas en el continente americano, durante el siglo XVI. Desde 1914 pasó a denominarse Universidad Autónoma de Santo Domingo.

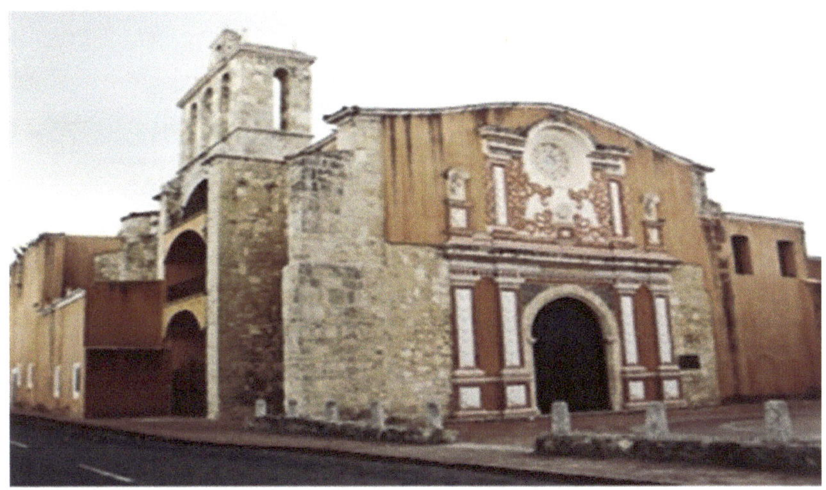

Este periodo, se había ya mencionados "de la piedra a la paja". "Los tiempos de miseria colonial" llena de Bucaneros y piratas. Entre el comienzo del siglo XVII y la segunda mitad del XVIII; La vivienda tendió a ser tan precaria, como la propia inseguridad de la vida de los Hateros y de los esclavos.

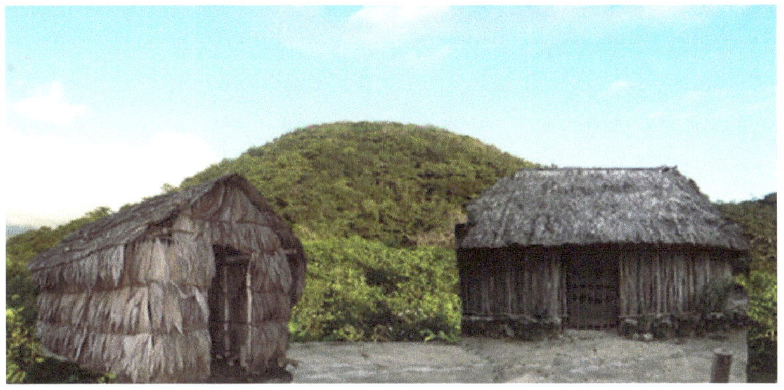

A pesar de la influencia española las casas prehispánicas o Bohío resultó ser la vivienda genérica dominicana, tanto en el ámbito urbano como en el rural., evolucionando durante más de cuatro siglos; en el territorio dominicano.

 Al reabrir los puertos y se reconstruye la ciudad de puerto Plata, cerca de la segunda mitad del siglo XVIII, todo comenzó a cambiar. Se mejora la situación económica de los hateros y hacendados. También surgieron nuevas poblaciones. Según la versión de Sánchez Valver; En 1780, se veía el renacer con buenas casas de madera, cubiertas de Yaguas o Cana; "bien alineadas y cómodas y capaces".

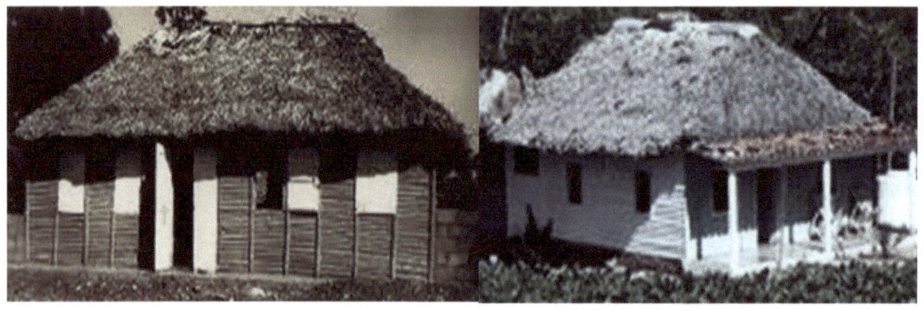

A tres cuartos del siglo XIX, la exportación transición productiva le dio mayor estabilidad social al campesino dominicano". En el Cibao, el tabaco y más tarde el cacao, el café y otros productos agrícolas alimenticios impulsaron las actividades comerciales y dinamizaron el crecimiento de la población. También el sur, dinamiza la pequeña producción: de azúcar, café, crianza" y otros. En esta fase el Bohío mejoró en su forma arquitectónica y materiales de construcción, convirtiéndose en el epicentro de la convivencia familiar y social.

Ha mediado y al final del siglo XIX, en Puerto Plata, se inicia el estilo Victoriano. El estilo victoriano es un estilo de arquitectura, moda, literatura, arte decorativo y visual entre otras áreas. Se caracteriza por ser romántico y gótico.

Ciudad de Puerto Plata

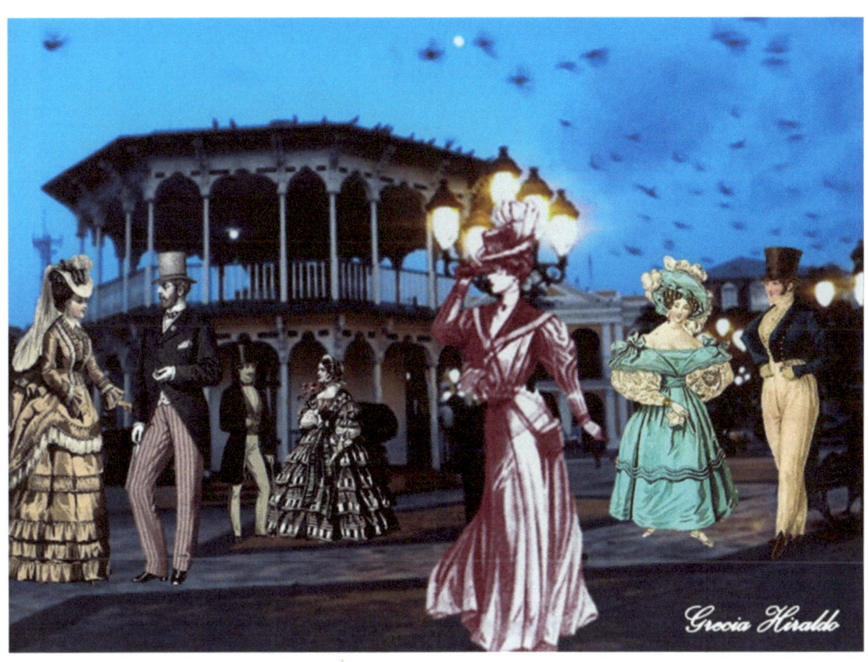

Este estilo es caracterizado para diseños de la arquitectura gótica inglesa y otras arquitecturas usadas en su tiempo, durante parte del reinado de Victoria del Reino Unido de Gran Bretaña e Irlanda que tuvo un fuerte impulso y difusión principalmente en el Reino Unido, sus colonias, llegando al continente americano.

Este estilo se extendió a casi todo el mundo y era considerado lo más moderno. Las características fundamentales eran las elaboraciones de las maderas. Las construcciones de las viviendas se elaboraron de tal manera que se convierte en una obra de arte. Desde ese momento la provincia de Puerto Plata evoluciona en su arquitectura, hasta llegar a las zonas rurales. El arte de construcción, fue lo que dio inicio, a las edificaciones de las casas victorianas de la década del 70 del siglo XIX.

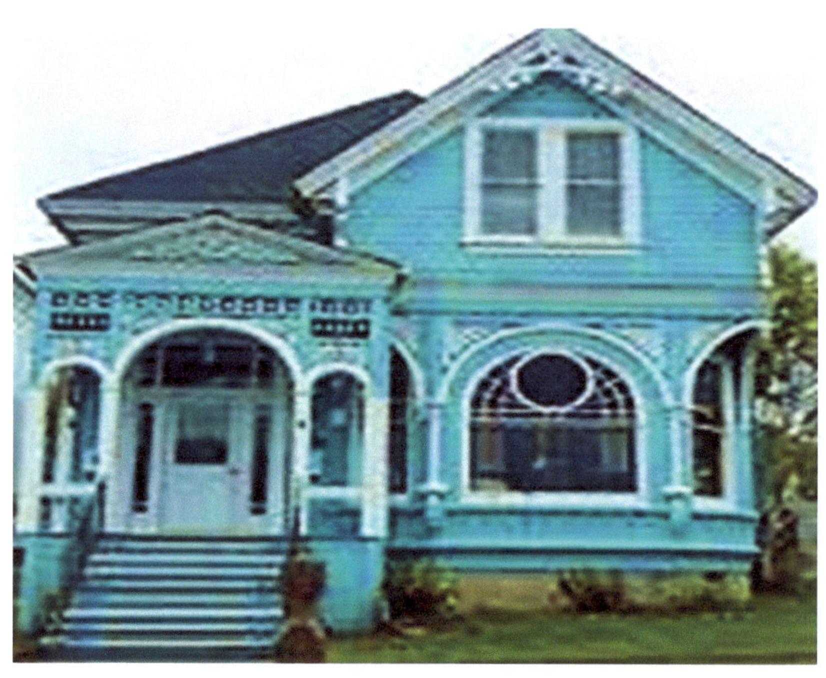

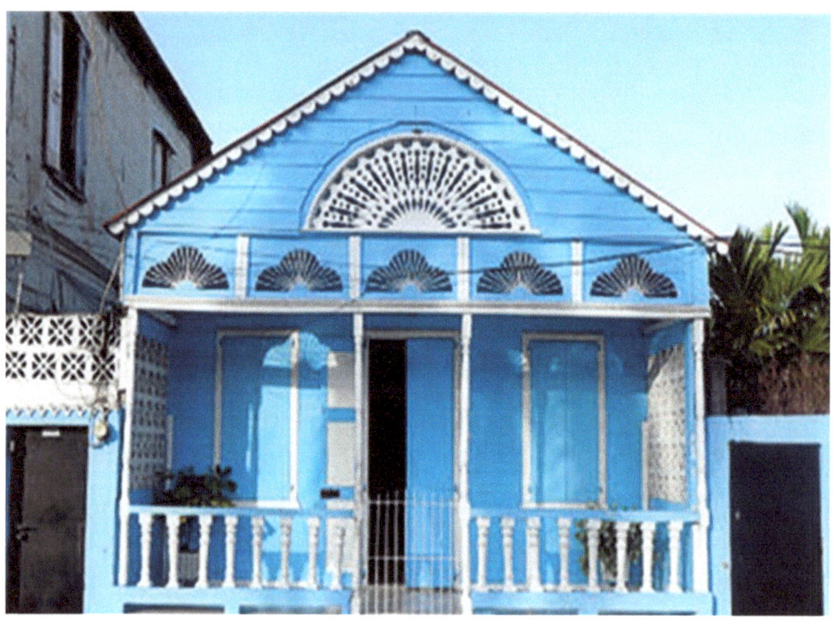

Villa Guananico

Guananico fue fundado ha mediado del siglo XIX y según el estilo, esta edificación fue construida en ese siglo. Este edificio en la época de Trujillo fue el hogar de Valentín Hiraldo Núñez y fue el más impresionante en esta villa. Este edificio pudo ser el ayuntamiento de Guananico; por su ubicación, su organización, fue custodiado por Gansos. Las funciones de los ayuntamientos, fueron anular en la epoca de Trujillo.

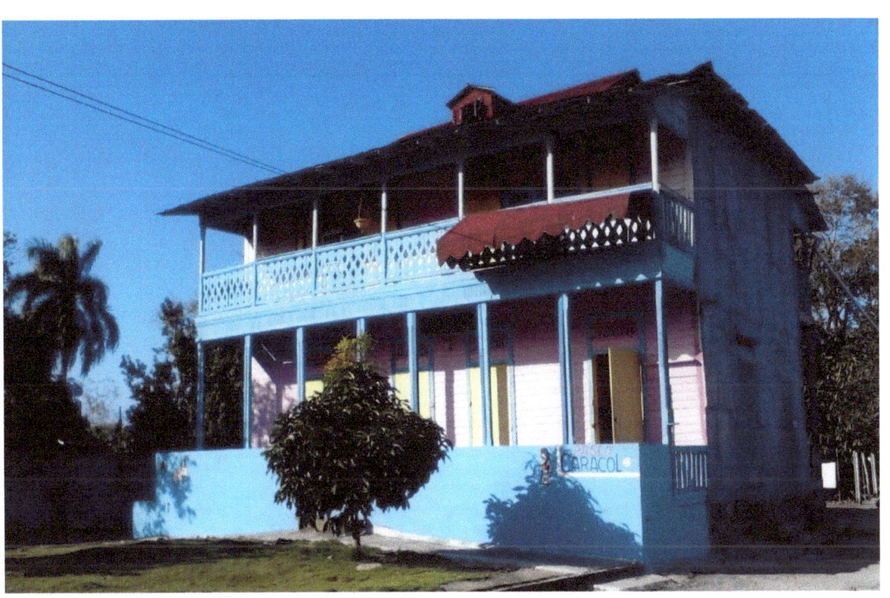

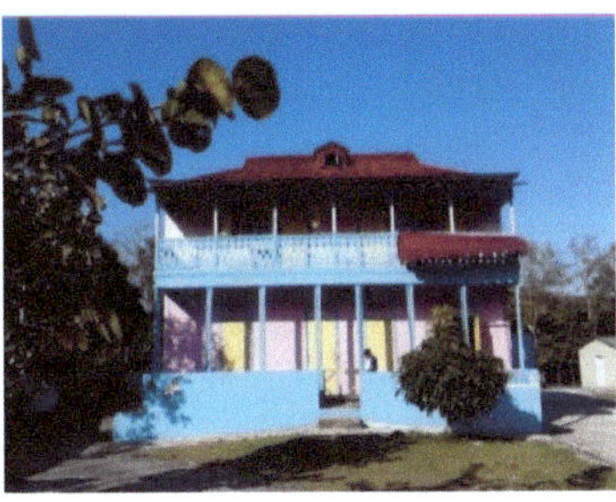

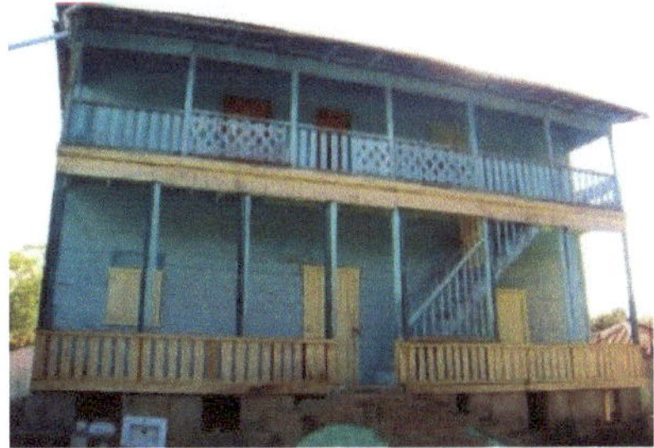

Mientras este estilo se expandía por la parte noroeste, todavía en villa San Carlos "solamente existían Bohíos fabricados de maderas de palma, con techo de Yaguas". En 1919 Puerto Plata era la ciudad dominicana dotada de menos Bohíos.

Periodo de Trujillo

La Iglesia católica – Guananico ha mediado del siglo XX

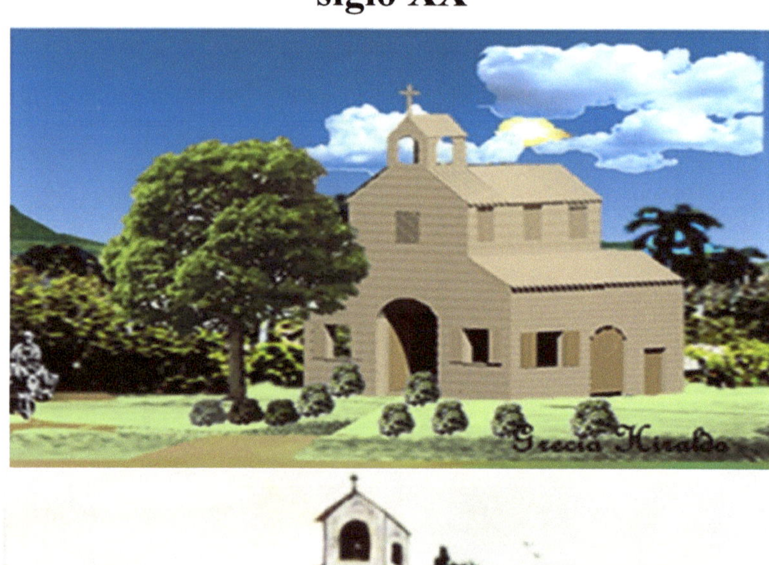

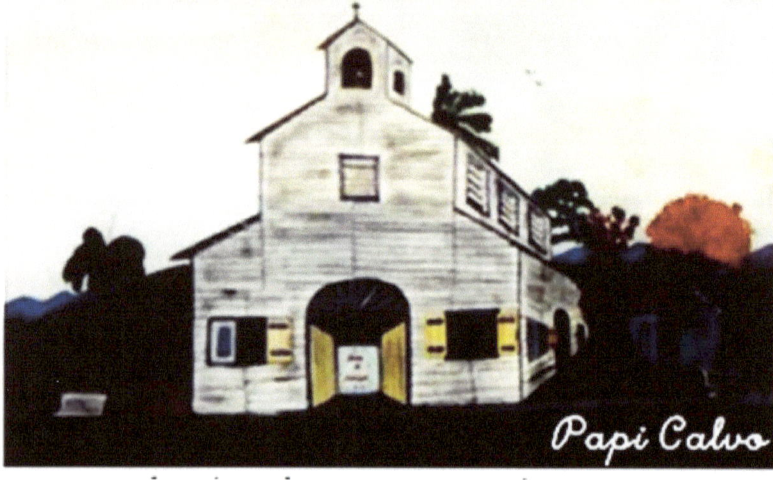

Durante el periodo del dictador Rafael Leónidas Trujillo que tuvo comienzo en el 1930, impulsó un conjunto de medidas respondían a una maniobra de control, creó un conjunto de provincias que le permitieron a este régimen contar con una estructura mínima que le permitiera tomar acciones en todas las poblaciones del país. Su primer propósito, era protegerse de las invasiones extranjeras.

Parque de Guananico

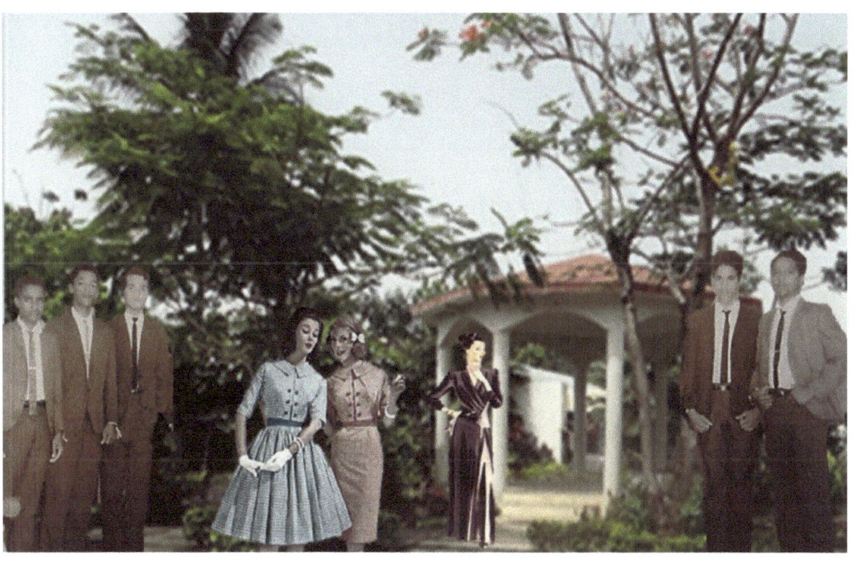

A este régimen le toco vivir los estragos de la Segunda Guerra Mundial, hubo una escasez de productos. La moda tenía casi una apariencia militar y la carestía de materiales volvieron pobres los tejidos. Los trajes eran de chaquetas y el largo de las faldas debajo de las rodillas. Las mujeres ocultaron sus siluetas, para no llamar mucho la atención.

Entre 1950 -1970, con Christian Dior. Otra vez se vuelve a forzar la silueta femenina y Los materiales volvieron a su esplendor.

Guananico

Las viviendas

En 1953, Trujillo decreta la prohibición del éxodo rural hacia los centros urbanos y la construcción del Bohío en la zona urbana. Entonces las poblaciones se dedicaron a reafirmar su condición de vivienda y va dejando atrás al Bohío.

Calle central Guananico (La Altagracia)

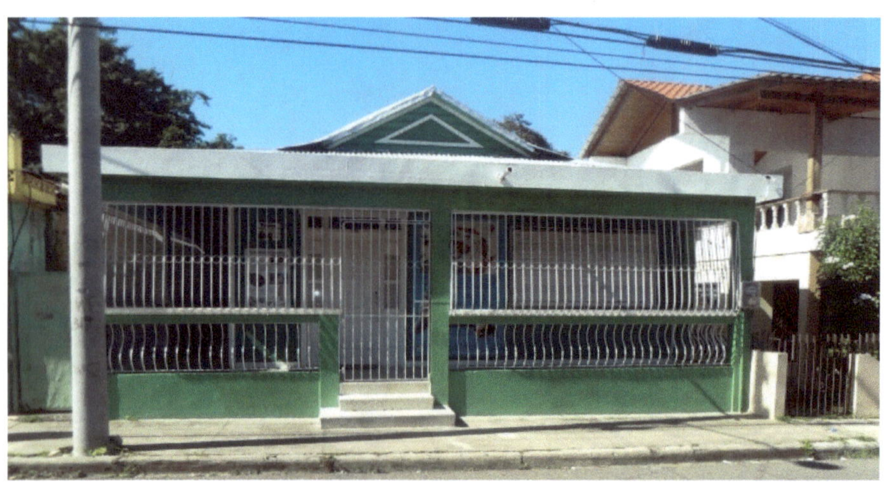

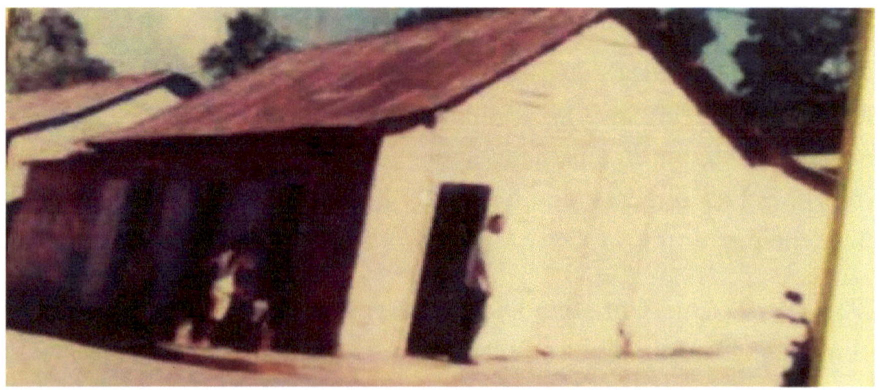

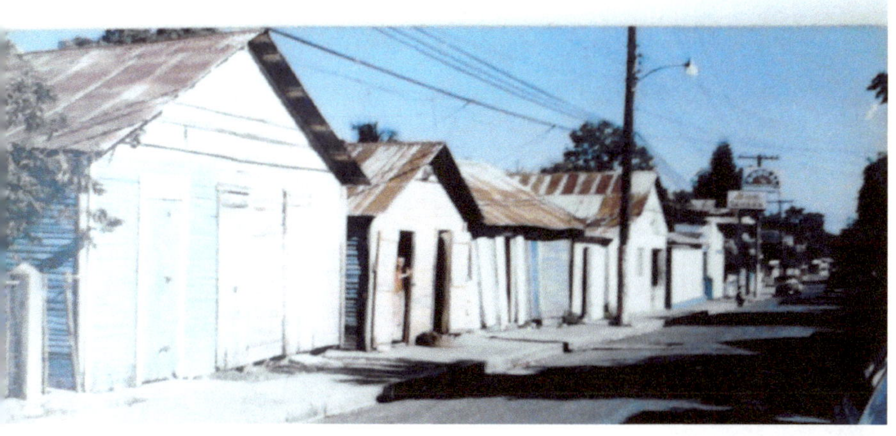

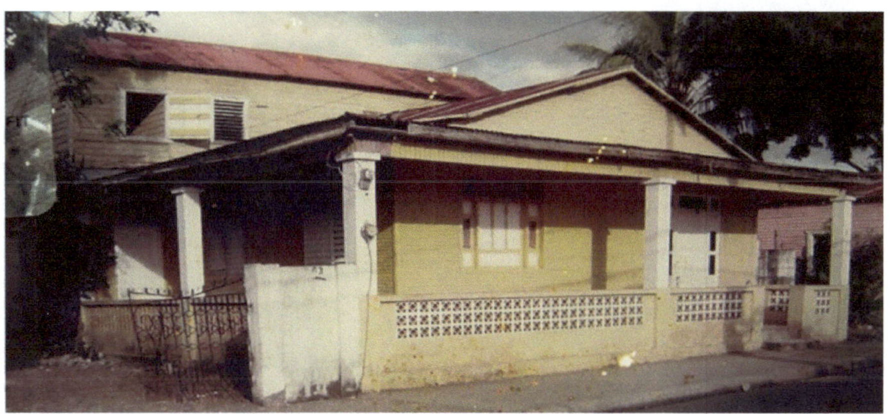

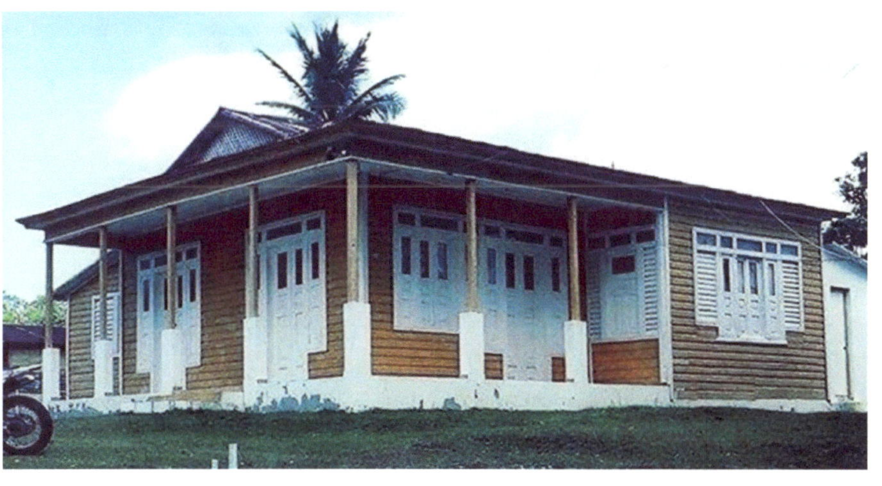

Después de Trujillo, Los cambios sociales tuvieron periodos muy cortos. La moda y la arquitectura y todo el sistema social cambian sigilosamente.

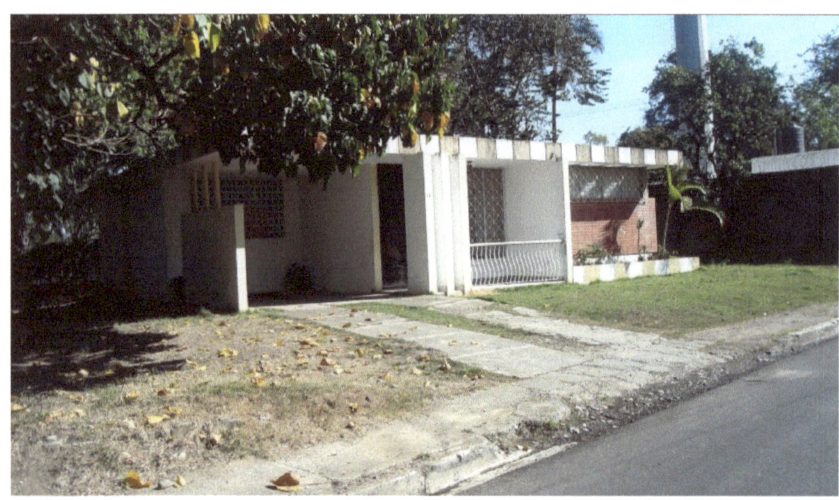

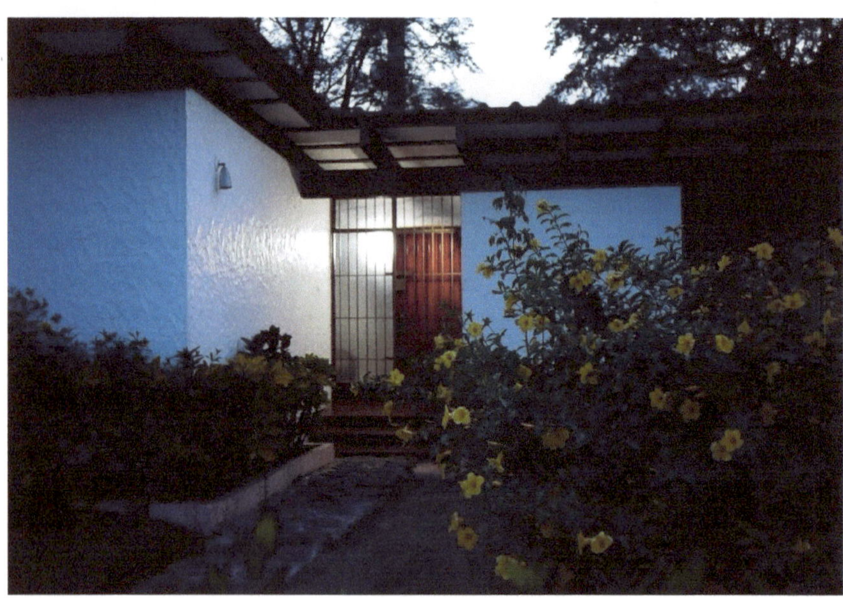

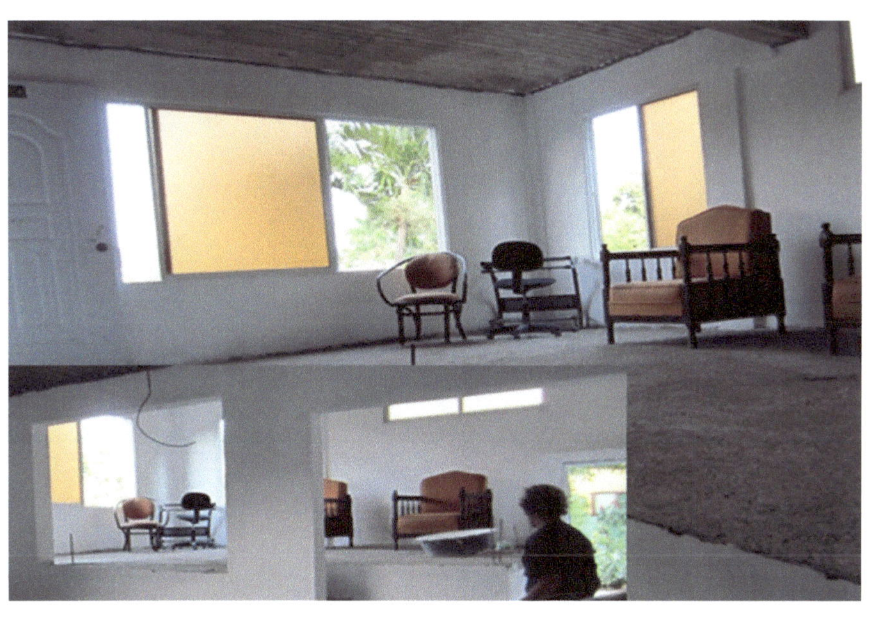

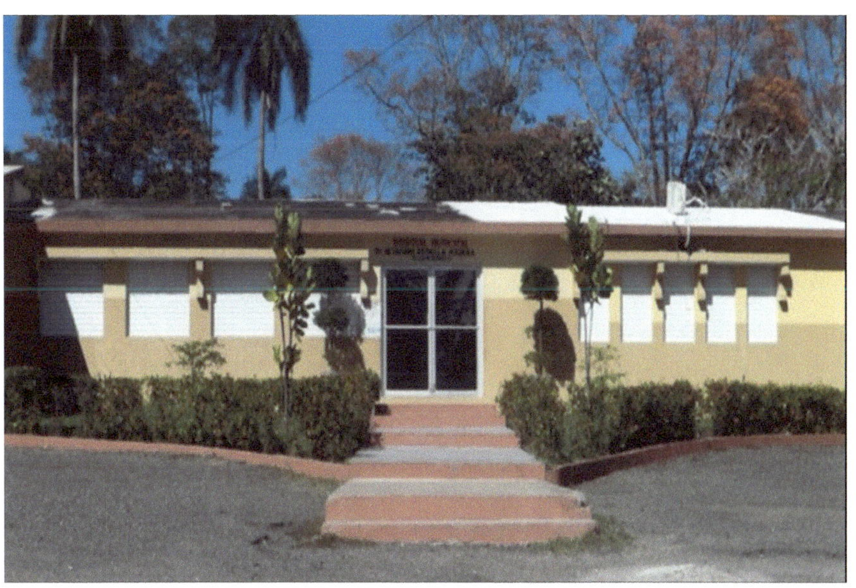

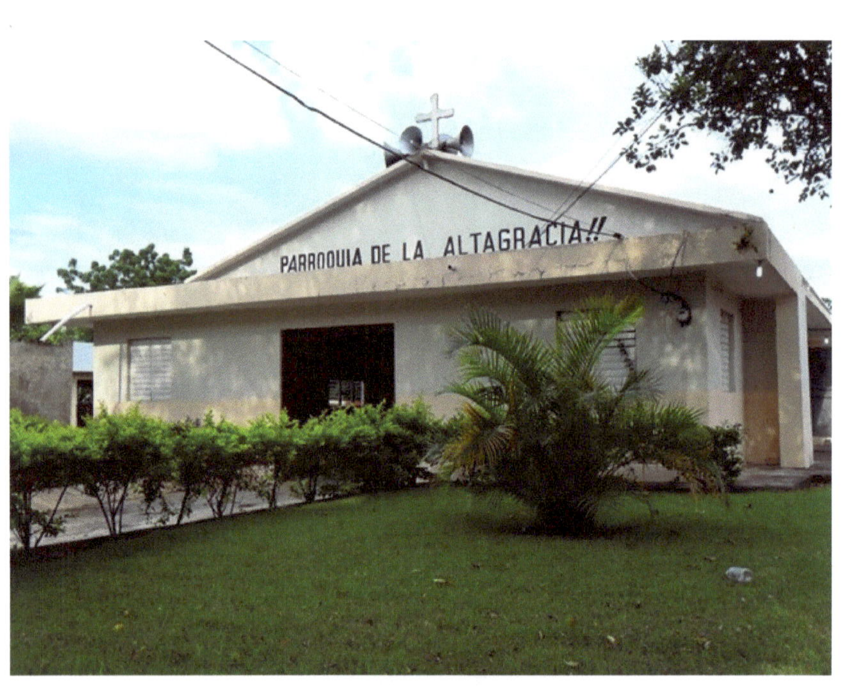
PARROQUIA DE LA ALTAGRACIA!!

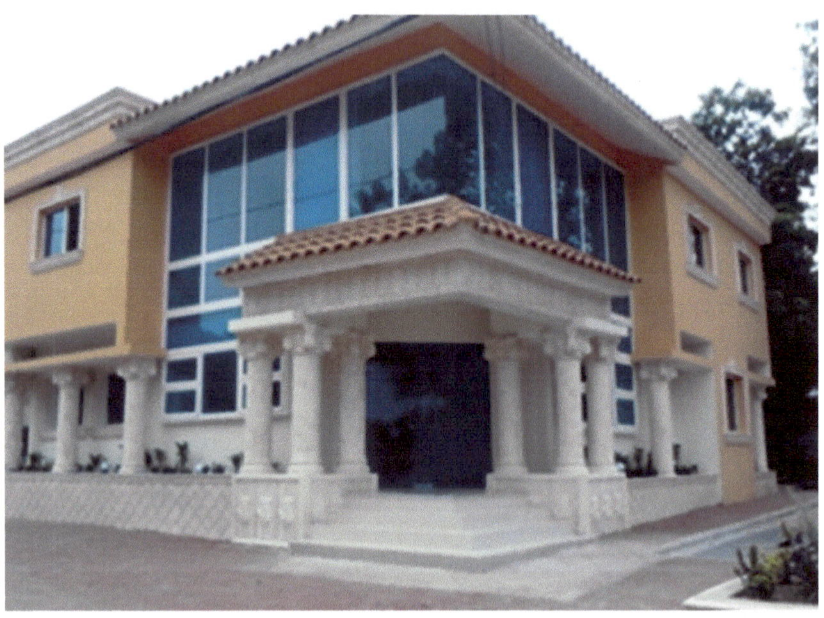

Arte - Guananiquense

Jorge Manuel Collado Tamayo

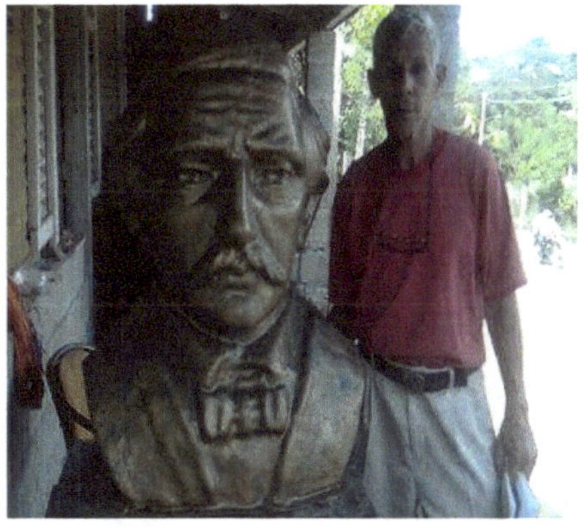 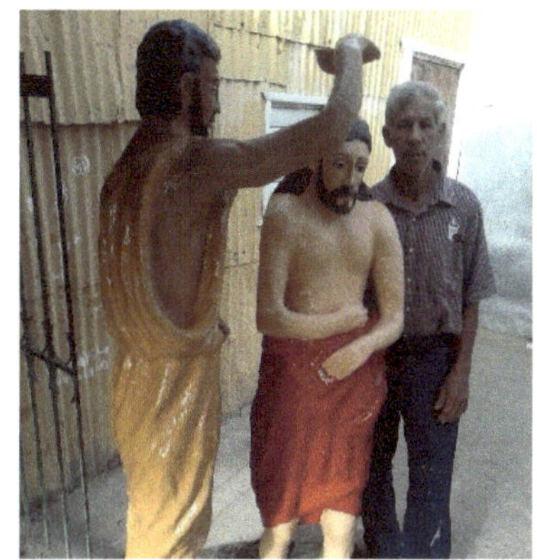

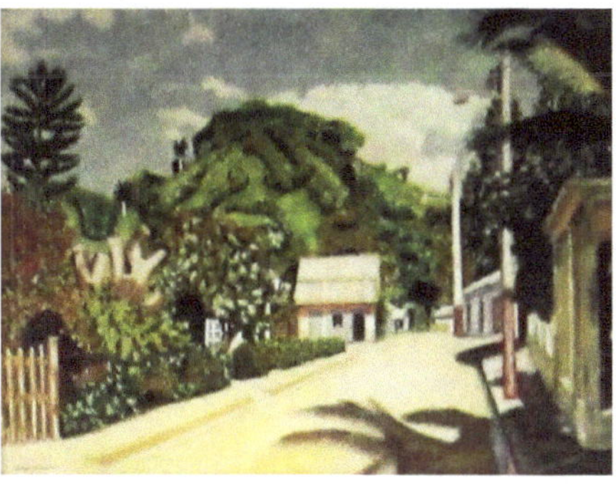 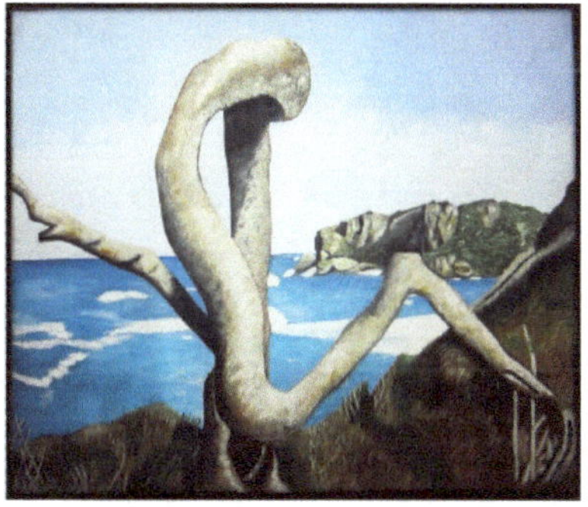

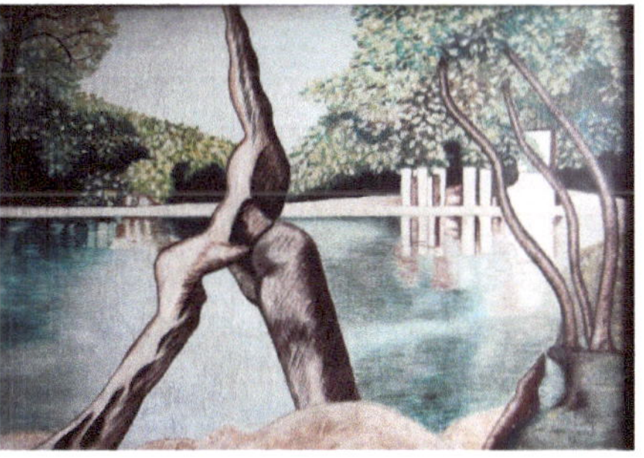 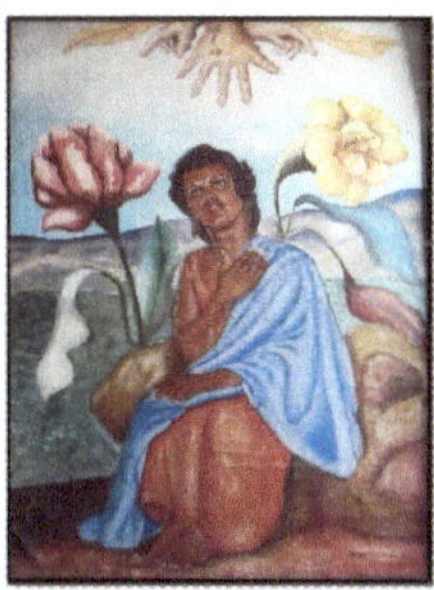

Margen Felipe Hiraldo Tamayo

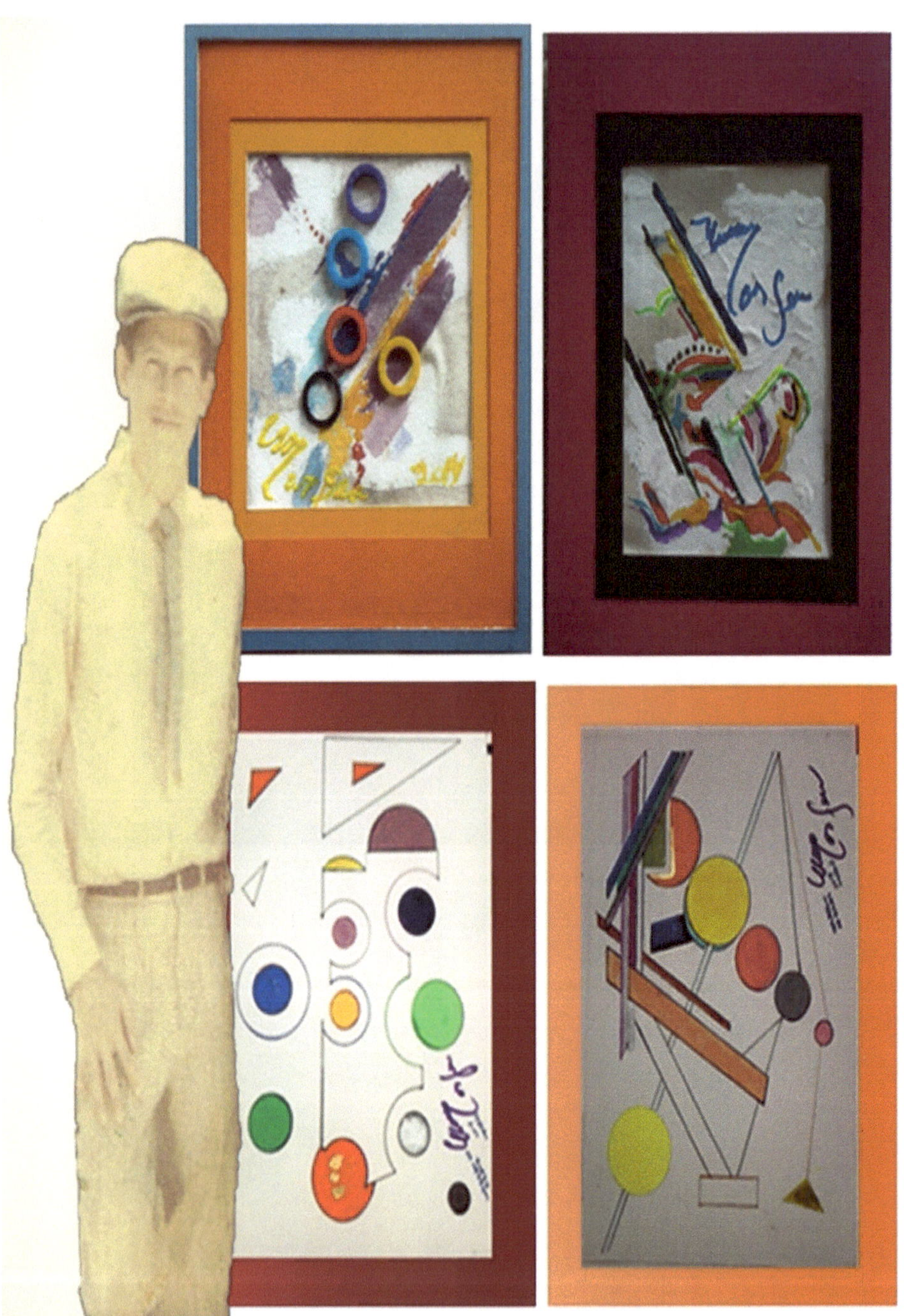

Felipe Silverio

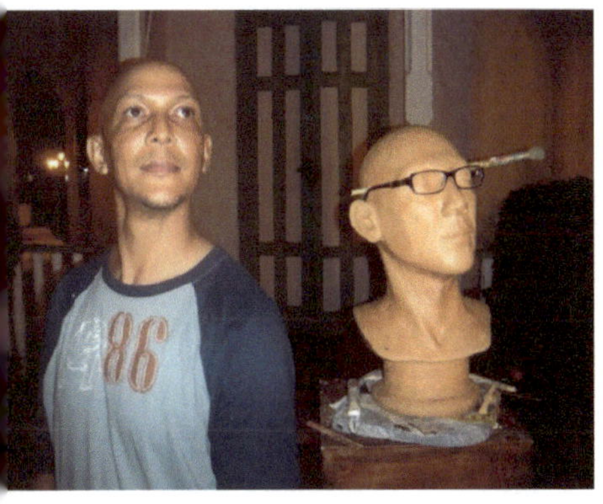

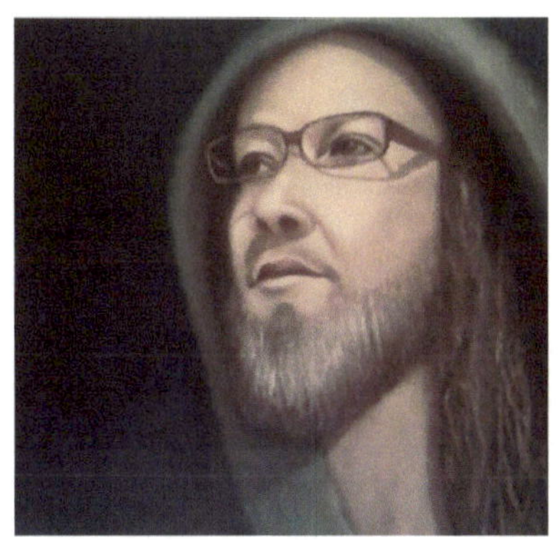

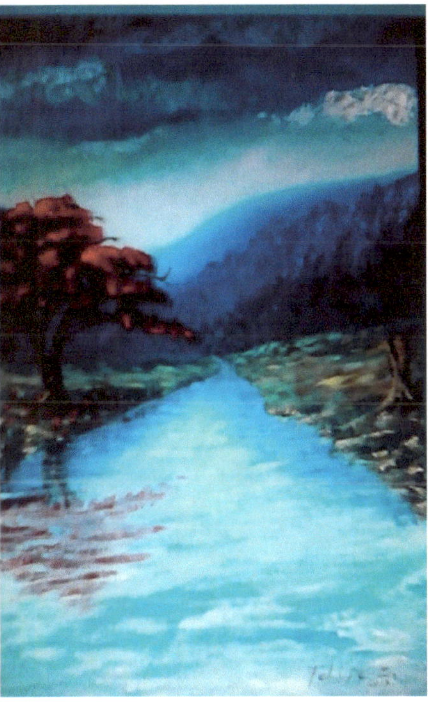

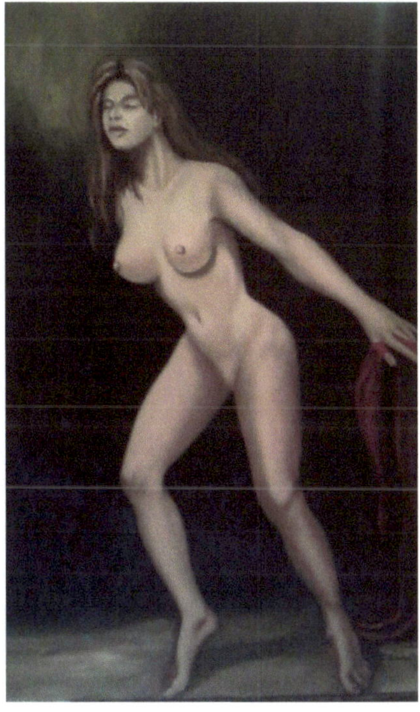

Grecia Hiraldo

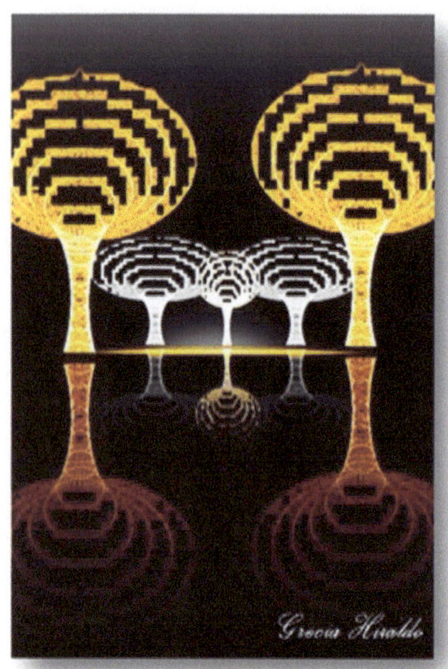
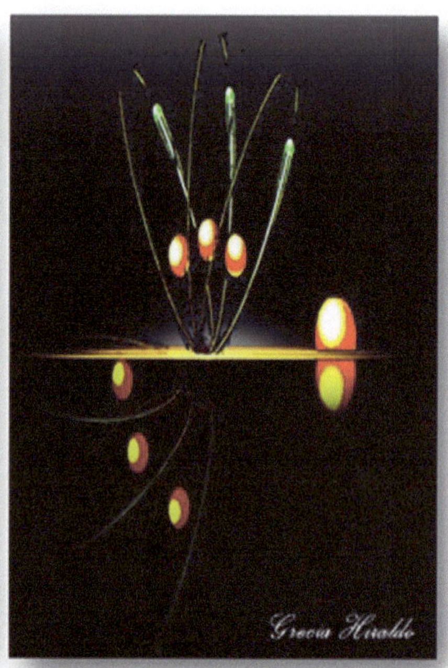
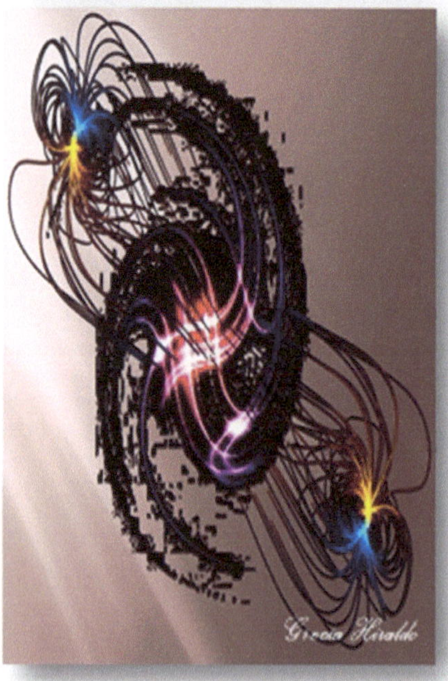
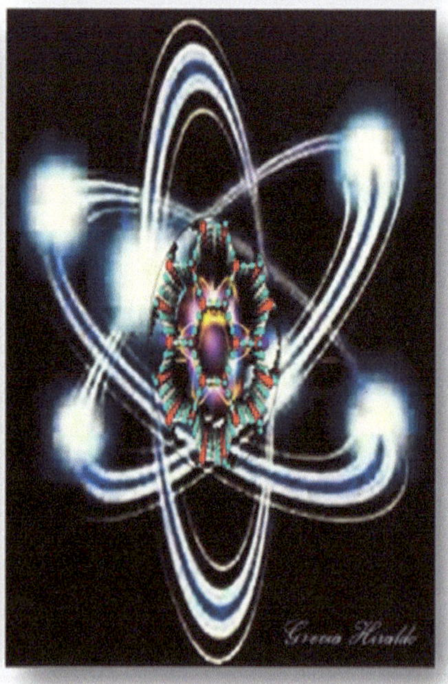

Museo

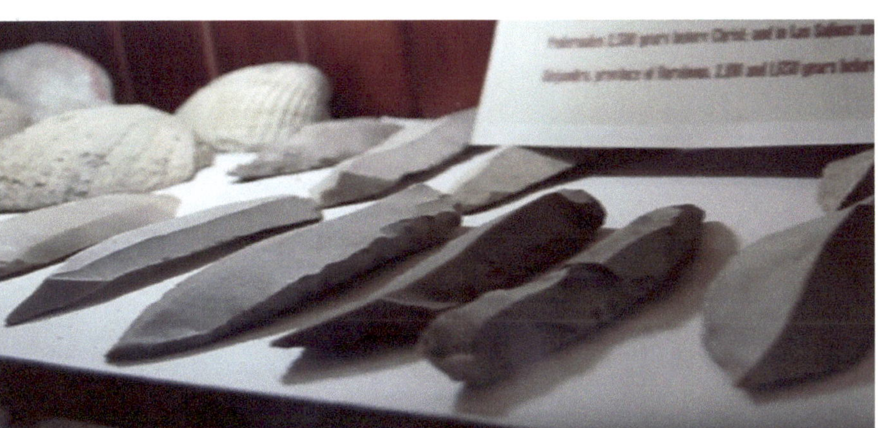

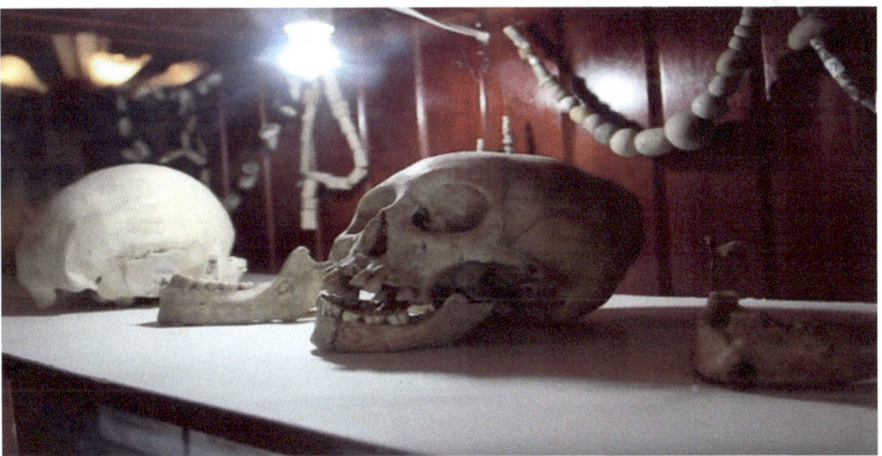

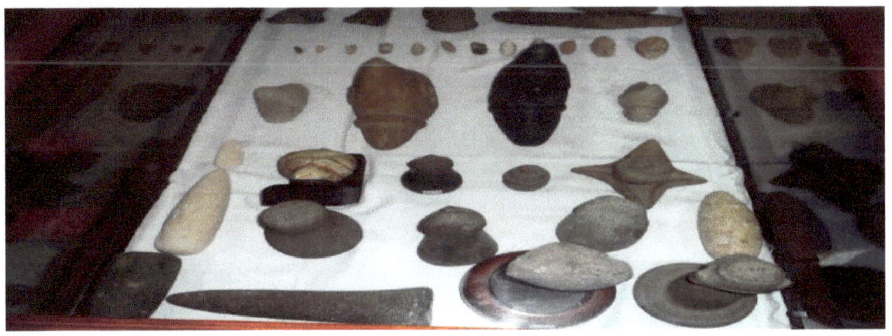

Deporte

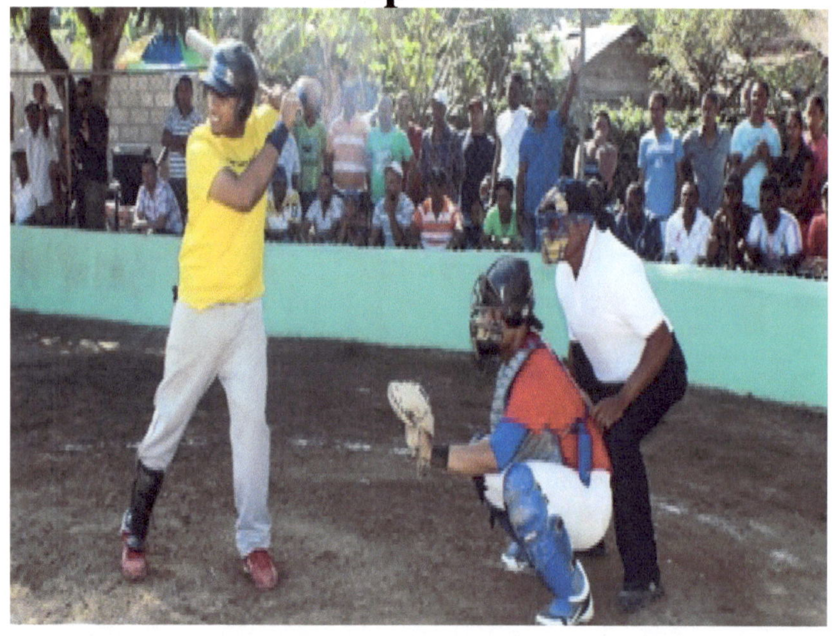

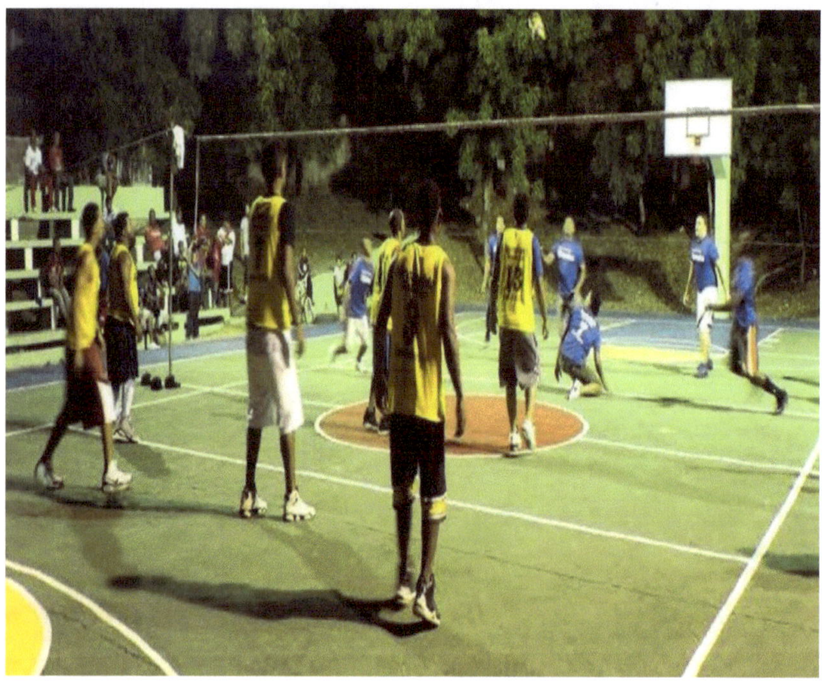

Entretenimiento

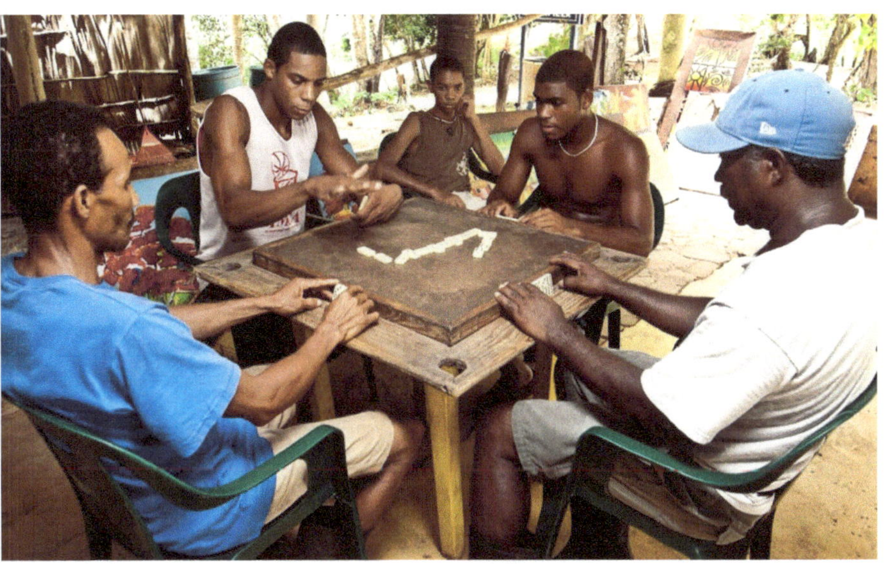

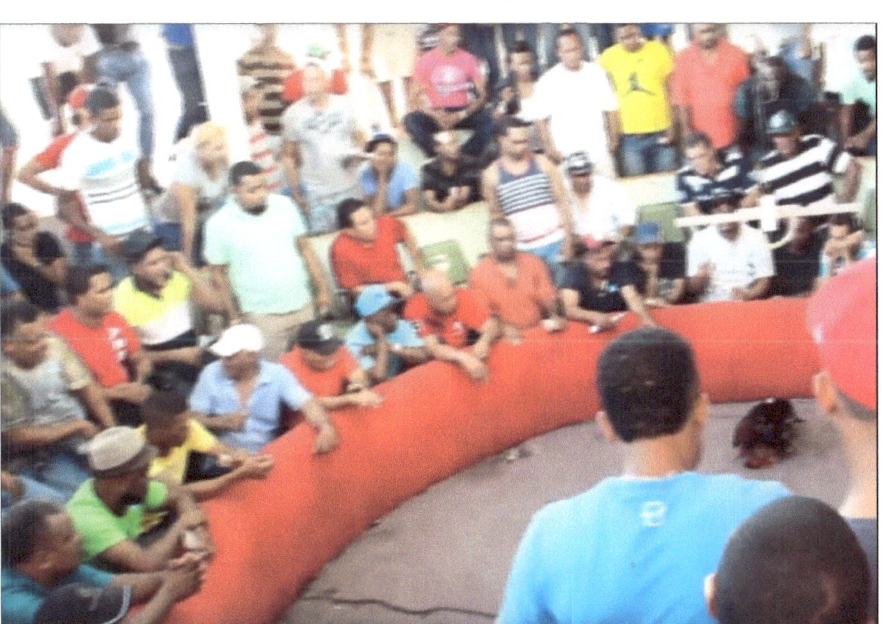

CAPÍTULO V

El Merengue

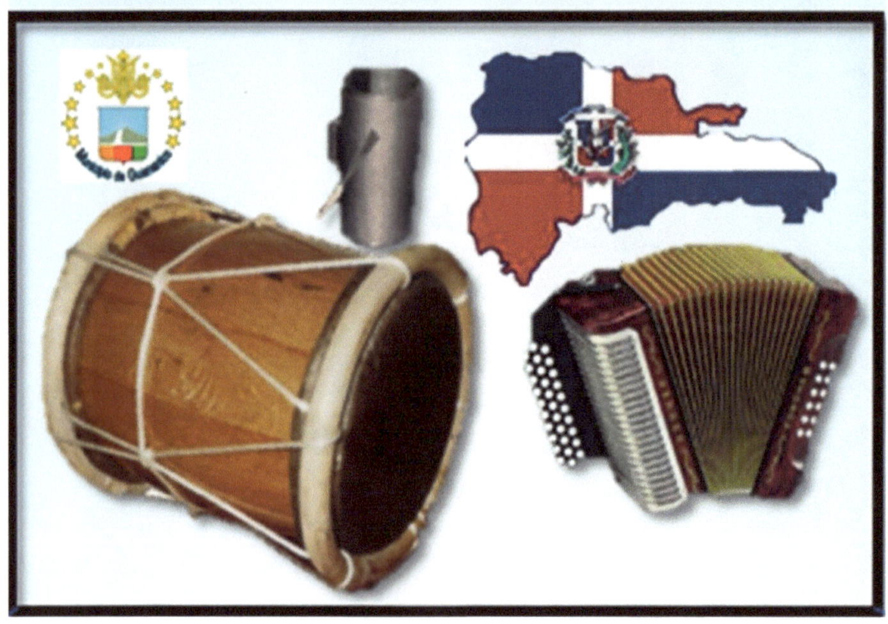

No hay fecha exacta, cuando comenzó a mezclarse la cultura musical, pero cuando se reabrió el puerto de Puerto Plata, la influencia musical comenzó a sentirse, en el siglo XVIII. Esta parte noroeste tuvo muchas influencias invasoras y de los nuevos inmigrantes, desde ahí comenzaron a llegar nuevos instrumentos musicales. Las músicas de las fiestas de enramada que venían de los altos de la cordillera Septentrional comenzaron a cambiar. A esta fiesta con sabor indígena, les habían agregado el tambor africano e instrumentos europeos. A esta mezcla de instrumentos indígenas (Taina), africano y europeo es lo que hoy llaman música típica dominicana.

Las altas clases sociales dominicanas, persiguieron el merengue durante toda su historia. En 1875 el presidente Ulises Francisco Espaillat; inició una campaña contra el merengue por sus bailes y letras explícitas, pero fue totalmente inútil pues ya el baile se había adueñado del Cibao. La influencia se hizo tan fuerte, a tal punto que se asocia hoy esta región como cuna del merengue.

La música estaba dominada por la alta clase social y el merengue no era aceptado. El merengue de cuerdas (guitarra, güira y tambora) es la primera mezcla. Cuando desde Alemania llega a nuestras costas el acordeón, instrumento con mayor sonoridad que la guitarra y poco a poco va sustituyendo la guitarra. La música ya estaba clasificada, en música culta y no culta. A pesar de los cambios que iban teniendo el merengue, seguía siendo la música inculta popular. El hombre de campo continuó tocando el merengue en su forma original.

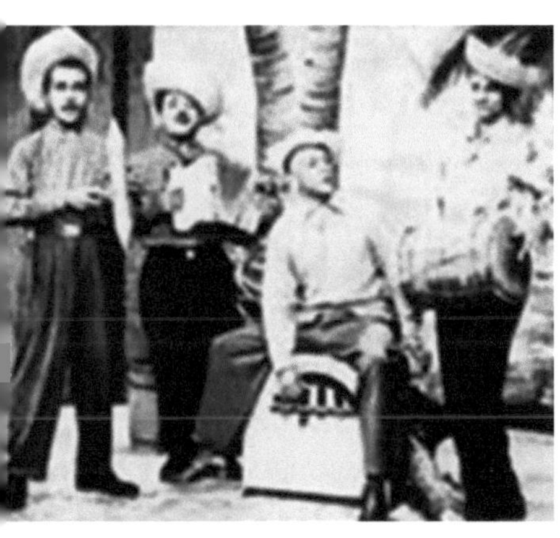

Trío Reynoso fue considerado la agrupación latina, con más popular durante época de Trujillo y posterior a Trujillo. Este Trío fue conocido en Cuba y Puerto Rico como "Los Reyes del Merengue Típico" y estaba compuesta por: en canto y acordeón Pedro Reynoso, en percusión Francisco Esquea, cantante y güira Domingo Reynoso y en marimba y güira Milcíades Hernández.

El Merengue y Trujillo

Rafael Leónidas Trujillo Molina fue la persona, más importante en el desarrollo del merengue. Antes de Trujillo, el merengue fue asociado con las personas del campo o regiones rurales. Juan Francisca García trató de ampliar la popularidad del merengue en las clases altas. En 1918, publicando un arreglo musical, en el 1922, el merengue fue tocado en un club social, Pero en ambos casos, la población alta rechazó el merengue. Cuando Trujillo llegó al poder en 1930, el merengue todavía era considerado de la clase baja, pero como él venía de una familia campesina, le encantaba el merengue. Durante todas

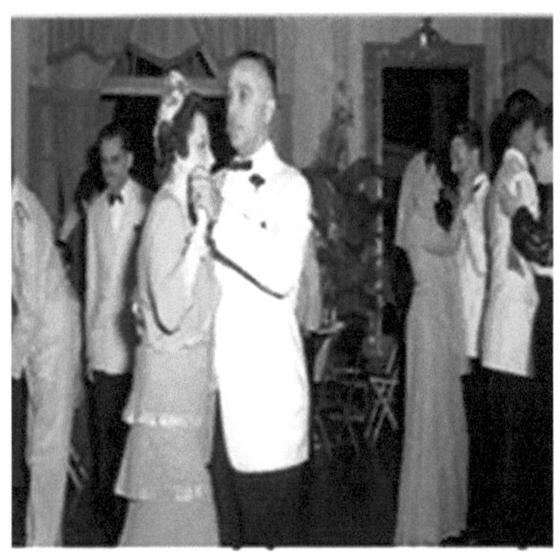

las fiestas de sus campañas tenía una orquesta para tocar el merengue.

Trujillo trata de forzar a la alta clase social a escuchar al merengue, El merengue siempre era rechazado. Él quiso dar la impresión de ser una persona refinada y culta y para esto necesitó el apoyo de las clases altas. Decidió hacerle cambio al merengue, para llévalo a los grandes salones; entonces Luis Alberti, le comienza a colocar a su banda la güira y la tambora a su orquesta de jazz e incluyó el merengue en su colección de canciones. Convirtió el merengue al baile nacional. De esta manera, el merengue hace su entrada a los grandes salones dominicanos.

Trujillo influyó en la música con su poder político. Él fue responsable del desarrollo de la música dominicana entre los años 1930 a 1960. Fundó orquestas regionales en las escuelas, donde se enseñaba el merengue y otra música. Trujillo rechazó y suprimió la música africana y haitiana. Entonces la tambora africana fue modificada y se presenta con la forma que vemos hoy en día, para seguirla utilizando en el merengue, a pesar de todo el merengue sigue estando dividido: en Rural, Urbano y en clases sociales. Sus letras tenían que ser aceptada por Trujillo y su régimen. Los músicos que escribieron canciones criticando al régimen fueron encarcelados.

El merengue perdió su voz social y política. Todos los vendedores de música necesitaron tener los merengues de Trujillo en su tienda y todas las personas tenían que poseer los discos de la música del régimen. Dándole origen a dos formas de merengue, el merengue típico, que todavía se encuentra en nuestros campos, y el merengue de salón, propio de los centros urbanos.

En el 1955 Casandra Damirón fundo el cuerpo de baile folclórico estilizado y diseño los trajes que hoy en día usan los grupos dc bailc que se dedican al folclor.

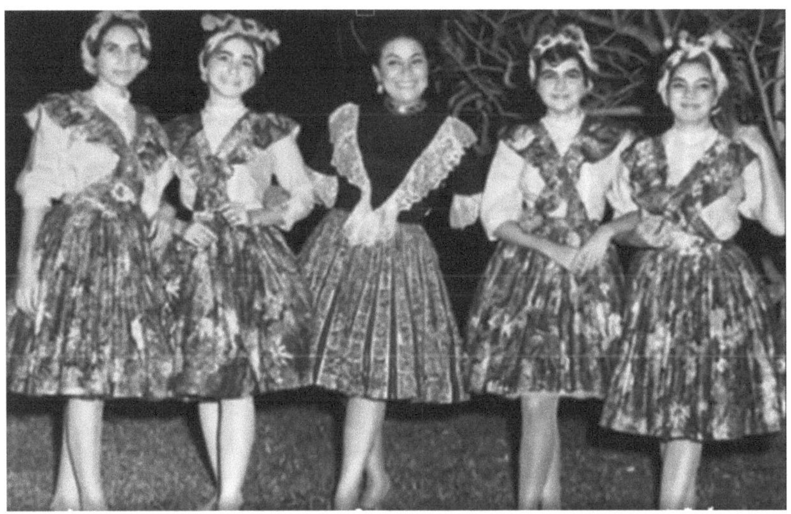

El merengue Rural al estar limitado por Trujillo, los músicos se instalaron en la cordillera septentrional y hacían sus encuentros en el rincón de Guananico. Los impulsores de la música típica comenzaron a llegar a la villa de Guananico; durante la confusión que creo la segunda guerra mundial entre ellos estuvieron: los hermanos Francisco Ulloa, oriundo de Rancho Viejo; Rafael (Fello), acordeonista y compositor de "La Botija". Nicolás Delmiro (Miro) vendiendo instrumentos musicales, se convirtió en maestro. Llegando a ser: saxofonista, afinador, acordeonista, dominaba la tambora y la güira.

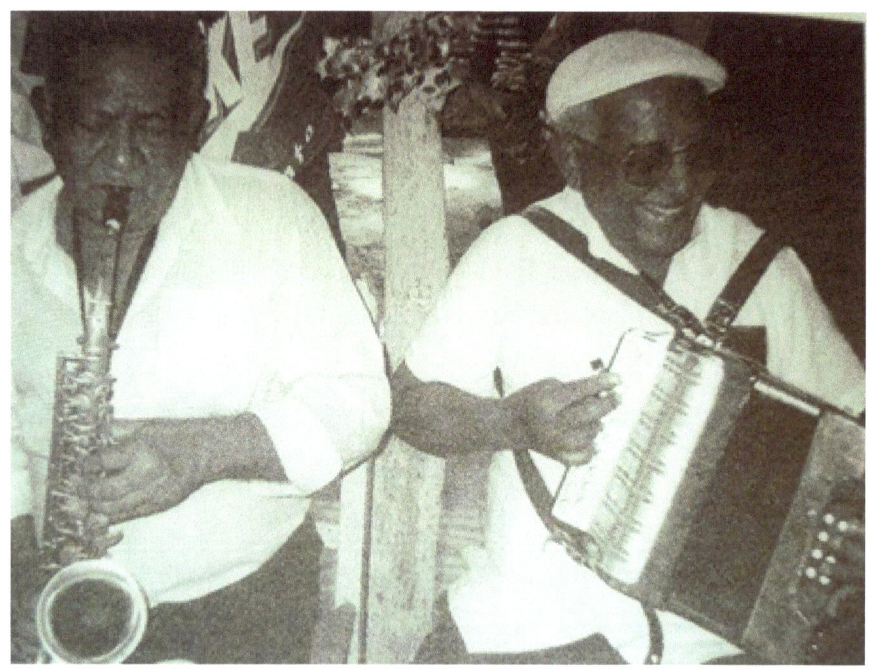

También llego a Rincón Caliente Ramón Antonio Trejo (Monchy) oriundo de Fundación; comunidad que hoy pertenece al municipio de Guananico, era: compositor, músico, arreglista, autor, afinador y transportador de tonos de acordeones y artesano.

Monchy; fue Autor, compositor, arreglista, de los merengues: La Maya Prendía, Con La Mesa al Caco, Chicha, Consagración de Cariño, Que Linda Mamá, Tu Coco de Agua, Lo que a Mí Me Gusta Tu no Me lo Da, El que Cree en Mujeres, Oye mar Caribe, el Pobre

Maelo, Mi Mujer de Oro, Detrás de la Maya, Linda Muchachita que se hicieron famoso después de la muerte de Trujillo.

El Rincón caliente se convirtió en un lugar de encuentro, practicaba y hacían sus fiestas populares de enramada. Las músicas se hicieron muy frecuentes que los moradores de "Villa Guananico" que en ese tiempo usaban el merengue Urbano decían "el rincón se encuentra caliente" y de ahí le vino el nombre de "Rincón Caliente".

Este poblado de hombres y mujeres labradores de tierra, eran famosos por sus tradiciones y costumbres. La música reflejaba la diversidad cultural que se encontraban en esta población. La música, el canto y el baile, era parte de su vida cotidiana. Entre ellos se encontraban, otros músicos como: Angelito Trejo acordeonista y compositor, Juan Trejo acordeonista, Monguito Román acordeonista etc.

Este ritmo musical estuvo evolucionando durante todo el siglo XX, pero después del asesinato de Trujillo en 1961, el merengue fue reabierto políticamente y culturalmente. El instrumento principal en esa fecha fue el saxofón y más tarde aparecieron las orquestas complejas, con secciones instrumentales de vientos. Al pasar el tiempo, comenzó a evolucionar el merengue de letra para amenizar las fiestas. A partir de entonces, se diseminó muy rápidamente por todo el país. En el Bar Sahara de Guananico que pertenecía a Aracelis González se comenzaron a hacer la fiesta que fueron llamadas "Perico Ripiaos" en los años 60s. Según este género campesino nunca se pudo presentar en ningún salón de fiesta, pero tuvo su primera oportunidad de hacerlo en los salones del bar Sahara. Los salones de Guananico impulsaron a que el "Perico Ripiaos" pudiera ser aceptado en otros salones nacionales.

El merengue pos-Trujillo

Johnny Ventura en el 1962 estuvo con el Combo Caribe de Luís Pérez

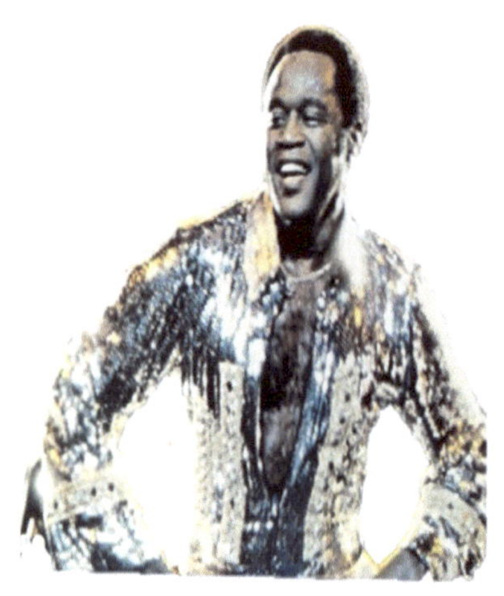

y grabo "Cuidado con el Cuabero", pieza de su propia autoría, llegando a tener gran fama y aceptación al igual que la agarradera de Luís Pérez. Fue en ese mismo año y con el combo Caribe que grabó su primer LP de 12 canciones que se convirtieron en éxitos.

En este mismo tiempo las Bachatas eran tocadas en los centros nocturnos de categoría baja. Las Bachatas no se aceptaban en los salones como el bar Sahara, pero después de los 70s todo comenzó a cambiar.

MUSICA TIPICA

La música que se tocaba en Rincón caliente fue llamada música Típica, después de que surge el espectáculo "Música Típica Dominicana"; en el 1966, en la estación de radio Quisqueyana, organizado por el Disc Jockey y locutor de radio Rafael Cárdenas y se desarrollaba de lunes a viernes de 5:00 - 6:00. Este programa le proporciono a Tatico Henríquez, su primera oportunidad en la industria de la música.

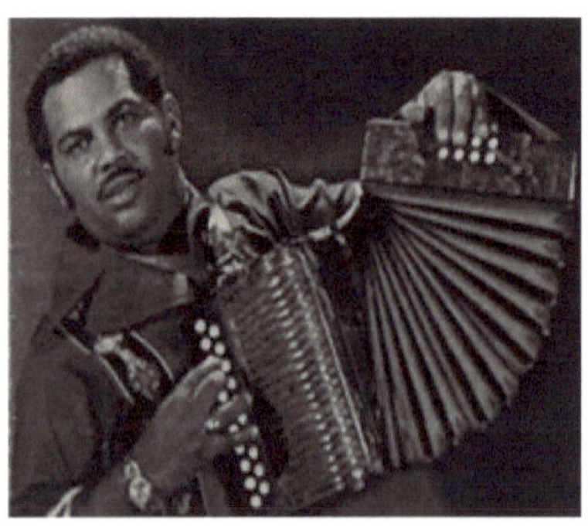

Tatico conoce al Trio Reynoso que había perdido a Pedro Reynoso que había fallecido 18 de julio del 1965. El Trio Reynoso tuvo que conseguir un nuevo acordeonista y cantante. Tatico en 1966, grabó su primera canción con este grupo. Tatico Henríquez entraría en los pasos de Pedro Reynoso y convertirse en uno de los más grandes acordeonistas del género merengue típico. Se hizo el artista más popular de este género vendiendo más discos que cualquier otro artista en la historia del merengue que se había convertido en Perico Ripiaos y muchos de estos merengues salieron de Guananico.

Más tarde Tatico, establecido en Santiago en 1970, forma el grupo Tatico Henríquez y sus Muchachos, que integraban Domingo Reynoso, Miro Francisco, El Viejo Ca, Manolo y su hermano Julio.

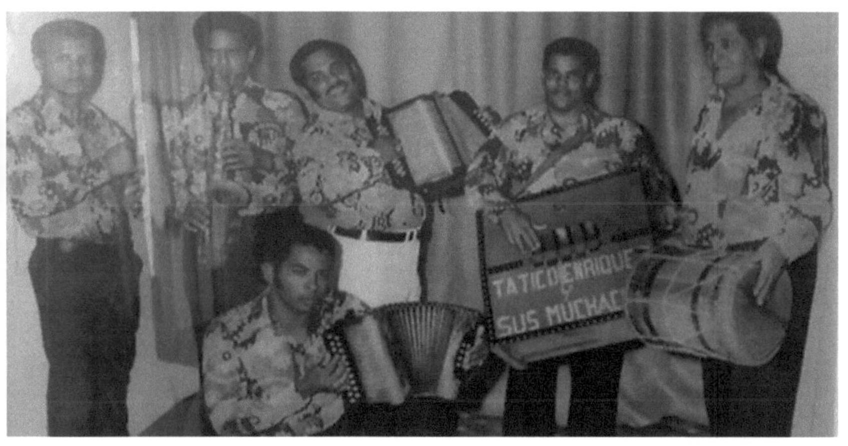

Su alineación creciendo formando dos hileras: de acordeón diatónico, Güira, Tambora, Marimba y en ocasiones, el Saxofón, en la otra hilera: el Acordeón diatónico, Güira, Tambora, dos Saxofones para armonizar con el Acordeón, la Conga y el Bajo eléctrico, en lugar de la Marimba de esta manera los integrantes de este grupo créese; en la:

Güira - Su hermano Julio Henríquez, Domingo Reynoso y Milciades Hernández,

Tambora - Viejo Ca, El Flaco, Manon, El Flechú, Domingo Peña, Sibita y Pancholo (trío Reynoso).

Saxofón – Felix, Francisco Miró y Danny Cabrera

Bajo eléctrico – Manochi

Conga - Roberto "La Culebra"

Marimba- Domingo Peña.

Después de los 70s siguieron apareciendo agrupaciones, con diferente estilo, como Juan Luis Guerra escriben merengues radicales con guitarras, teclados eléctricos y líricos políticos que no eran posibles durante la dictadura.

 Hoy en día el merengue y la bachata, es el diario vivir de los dominicanos, su popularidad se extendió al todas las clases sociales, La música volvía a ser un método para expresar opiniones sociales y políticas.

Guananico a finales del siglo

XX – XXI

La fama de estas agrupaciones no pudo alejarlo de este Rincón de Guananico. Su regreso se debía que aquí, era donde podían encontrar

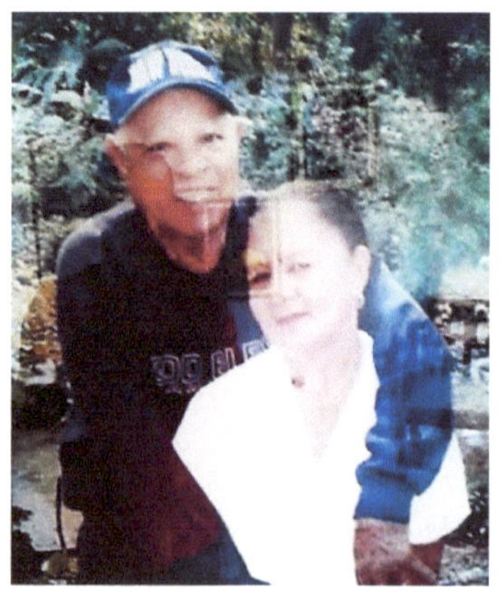

los materiales para sus instrumentos y los expertos para darle mantenimientos.

La familia Trejo Peña o peña como se han dado a conocer, conformada por:

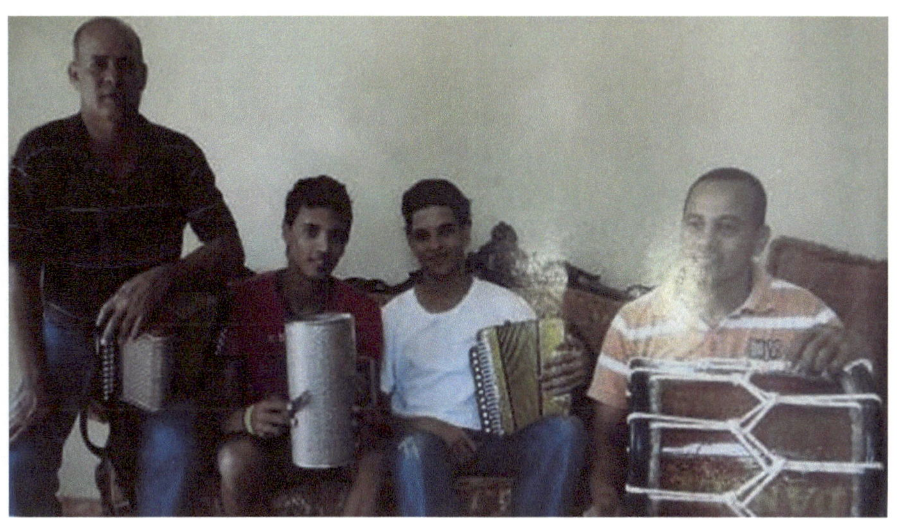

Ramón Antonio Trejo y Lucrecia Antonia Peña, continúo con su herencia musical y la destreza de su padre. Los hijos de esta pareja continuaron transmitiendo su destreza a sus descendientes. En la actualidad las mayorías de su descendiente varones se dedican a la música o han aprendido a tocar algún instrumento. Entre ellos se encuentran sus hijos: Facundo, Radhames, Isabelo, Fredy, Juan, y Nicol Trejo Peña. Los nietos: Rody Alexander, Sabelo, Ramón Antonio etc.

El hijo mayor **Facundo - El Invasor** – Lo han considerado el Maestro de Merengue Típico; se dedica a las afinaciones de acordeones, Transportaciones de tonos, clonación, arreglista musical y es compositor.

Radhames; es el director de su agrupación, compositor y acordeonista.

Nicol el hijo menor, se perfila como uno de los mejores acordeonistas de Rep. Dom. Dirige su propia agrupación: él es arreglista musical, compositor, toca el Bajo eléctrico, Saxofón, la Güira, Conga, Guitarra y la Tambora.

Isabelo en el 1987 perteneció a la agrupación los "Kenton", al año siguiente fundo "Los Elegidos de Jehová". Esta agrupación no tenía tambora. Isabelo decidió construir una tambora para su iglesia, oficio que aprendió de su padre.

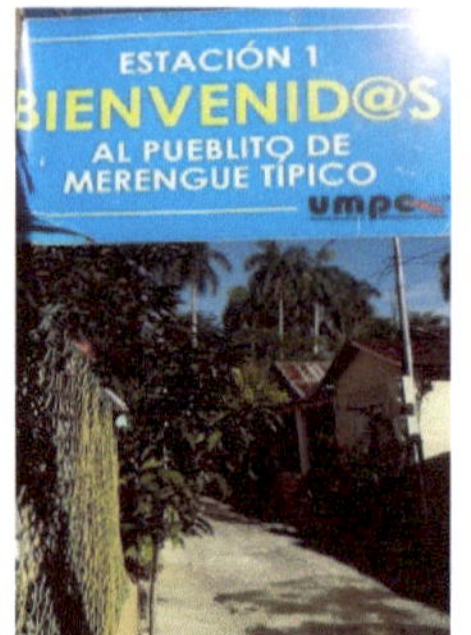

Villa Guananico, con sus barajes al final del siglo XX se convirtió en municipio y a principios del Siglo XXI paso a ser Distrito Ecoturístico Municipal y por su aporte a la música típica Guananico quedo como la cuna del merengue. Representado por la familia peña en Rincón Caliente de Guananico.

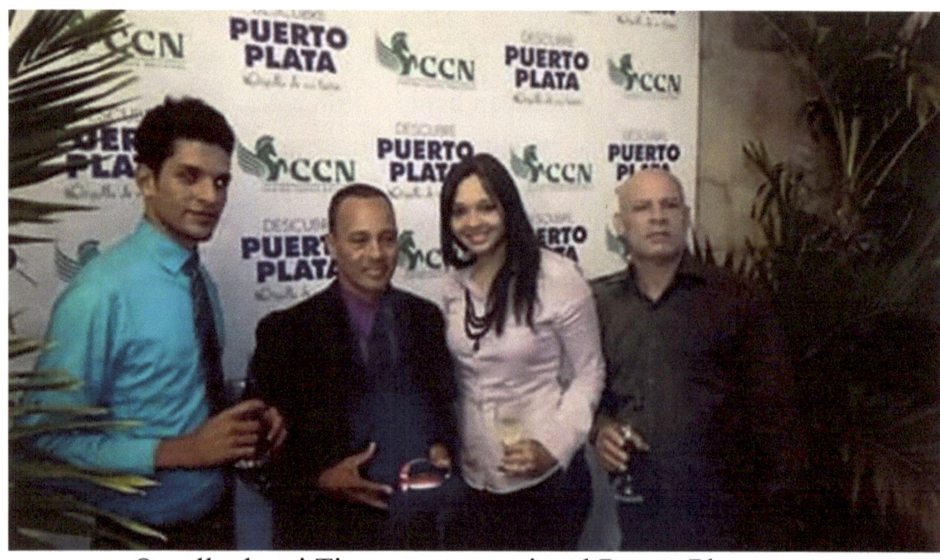

Orgullo de mi Tierra teatro nacional Puerto Plata.

Guananico es el municipio que proporciona las materias primas, para producir y hacer merengue Típico. También, es donde se hacen: las composiciones, arreglos musicales, autorías, afinación, transportación de tonos, clonación de notas en acordeones ensamblajes de acordeones. Fábrica de tamboras, güiras, congas, bongos, marimbas, claves entre otros.

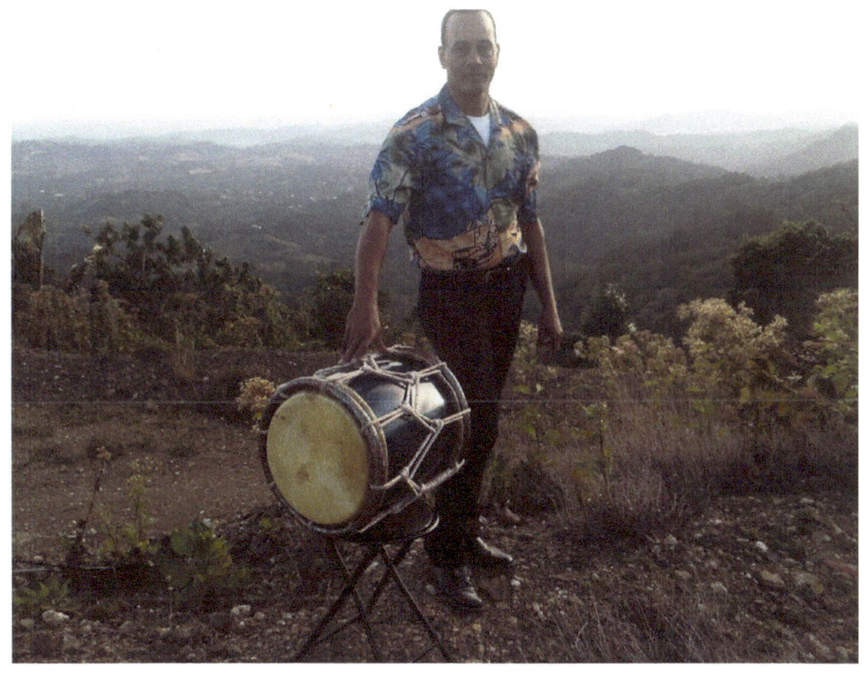

La familia peña, ha mantenido sus tradiciones y vemos la herencia musical en la nueva generación de esta familia: Rody Alexander Trejo, es acordeonista, Sabelo toca la güira, Ramón Antonio toca: la conga, güira, tambora, y bongo.

Los músicos actuales en este género son los hermanos Trejos Peñas y algunos de sus hijos; además están: Rafy Francisco, Rafy Díaz, El Súper Dada, Marcial, la Sensación Típica, Narciso Francisco, El Pavaroty etc.

NOTA

La forma en que se interconectaron estos corredores Ecológico ha traído, confusión histórica. El objetivo es aclarar la participación del municipio de Guananico en la historia y dar una conclusión a como: el Arte, la cultura, la música, la Arquitectura, la religión, el comercio, el deporte etc.; sigue teniendo el mismo significado que se tenían en época prehispánica o precolombina. El sistema social, continúa desarrollándose dependiendo del periodo político en que se encuentren.

Lo que se quiere decir es que no hay sociedad sin política, ni política sin sociedad y los cambios dependen de cada periodo Gubernamental.

República Dominicana, al estar en la isla donde se comenzó a escribir la historia en nuestro continente; es una isla que nadie puede olvidar y todos la quieren obtener. Aunque tengamos las tecnologías más avanza; el mundo nos seguirá viendo como han dicho algunos escritores de que el mundo nos ve en nuestro diario vivir y en nuestros festejos, como "ver los indígenas del Caribe cuando empezaron a llegar en sus canoas a estas islas". ¿Cuál es tu opinan? Solo son opiniones a pesar de que la música no ha sido la mejor fuente cultura indígena, las celebraciones y las fiestas dominicanas han mantenido esta cultura indígena viva. La cultura dominicana tiene en su diario vivir, la influencia precolombina a pesar de que los extranjeros fueron más que los mestizos o mulatos y hoy el merengue Típico representa esta transculturización en el uso de sus instrumentos: la cultura indígena, la europea y africana.

El merengue típico pudo crear una cuna en el rincón de Guananico, aquí se mantuvo a salvo durante el régimen de Trujillo y salió a flote después de Trujillo y todavía hoy en día Guananico sigue   siendo la fuente principal de este género musical.

-GMHT-2016

Bibliografía

-Emilio Rodríguez Demorizi, Música y baile en Santo Domingo

- Nuevas notas sobre la música taína y su Influencia en la vida dominicana Contemporánea- Por Lynne Guitar

- La música precolombina. Un debate cultural después de 1492

-Merengue (género musical) es.wikipedia.org/wiki)

-merengue-típico-perico-ripiaohttp://www.iasorecords.com/

Tarico Henriquez -From Wikipedia, the free encyclopedia

-From Wikipedia, the free enciclopedia

-GUANANICO SU HISTORIA Y YO   - Por Grecia Hiraldo

-Asociación Guananiquenses Futurista- Facebook

-Isabelo Trejo Peña- Facebook

- SIGUIENDO SUS HUELLAS Tomo I-Tomo II- Grecia Hiraldo

-Reportaje del caribe

- Diario Libre

- Reportaje de la revistas oh mg y revista tato.